Impressum
Verlag: BABADADA GmbH, Nedderfeld 112 , 22529 Hamburg
Geschäftsführer / Verlagsleitung: Harald Hof
Druck: Books on Demand GmbH, In de Tarpen 42, 22848 Norderstedt

Imprint
Publisher: BABADADA GmbH, Nedderfeld 112 , 22529 Hamburg, Germany
Managing Director / Publishing direction: Harald Hof
Print: Books on Demand GmbH, In de Tarpen 42, 22848 Norderstedt, Germany

مدرسه

die Schule

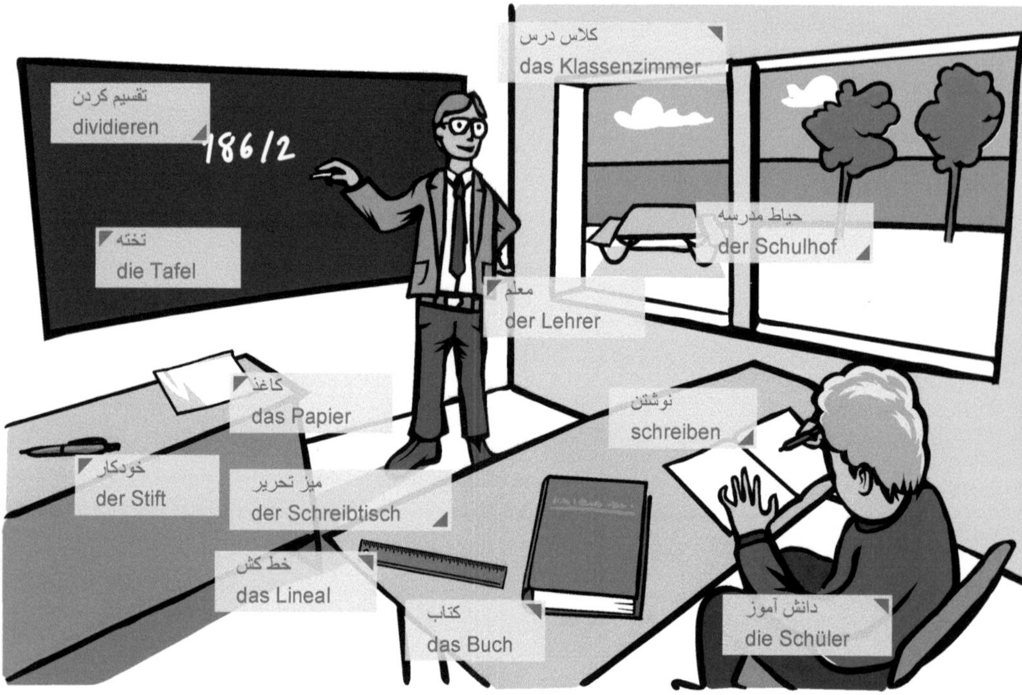

کلاس درس
das Klassenzimmer
تقسیم کردن
dividieren
186/2
تخته
die Tafel
حیاط مدرسه
der Schulhof
معلم
der Lehrer
کاغذ
das Papier
نوشتن
schreiben
خودکار
der Stift
میز تحریر
der Schreibtisch
خط کش
das Lineal
کتاب
das Buch
دانش آموز
die Schüler

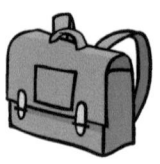

کیف مدرسه

der Ranzen

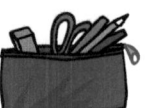

جامدادی

die Federmappe

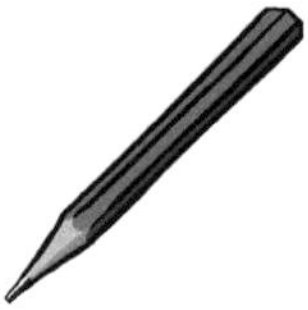

مداد

der Bleistift

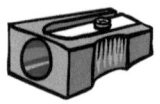

تراش

der Bleistiftanspitzer

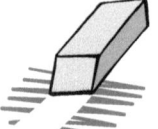

پاک کن

das Radiergummi

دفتر رسم

der Zeichenblock

طراحی

die Zeichnung

قلم مو

der Pinsel

جعبه ی آبرنگ

der Malkasten

قیچی

die Schere

چسب

der Klebstoff

کتاب تمرین

das Übungsheft

تکلیف خانه

die Hausaufgabe

12

رقم

die Zahl

2+2

جمع کردن

addieren

5-2

تفریق کردن

subtrahieren

2×2

ضرب کردن

multiplizieren

محاسبه کردن

rechnen

A

حرف الفبا

der Buchstabe

ABCDEFG
HIJKLMN
OPQRSTU
VWXYZ

الفبا

das Alphabet

hello

کلمه

das Wort

متن

der Text

خواندن

lesen

گچ

die Kreide

درس

die Stunde

ثبت نام

das Klassenbuch

امتحان

die Prüfung

مدرک رسمی

das Zeugnis

لباس مدرسه

die Schuluniform

تحصیلات

die Ausbildung

دانشنامه

das Lexikon

دانشگاه

die Universität

میکروسکوپ

das Mikroskop

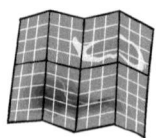

نقشه

die Karte

سبد کاغذ باطله

der Papierkorb

سفر
die Reise

Grand
هتل
das Hotel
مسافرخانه
die Herberge
ROOMS
EXCHANGE
صرافی
die Wechselstube
چمدان
der Koffer
اتومبیل
das Auto

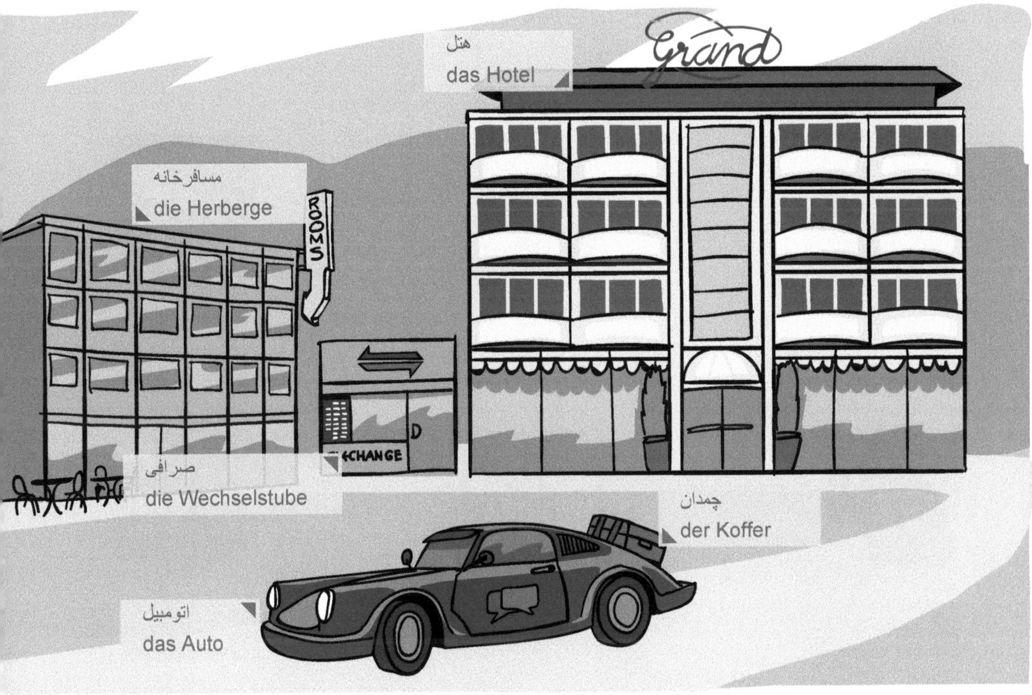

زبان
die Sprache

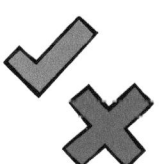

بله / خیر
ja / nein

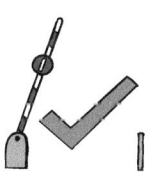

اُکی
Okay

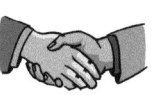

سلام
Hallo

مترجم
der Übersetzer

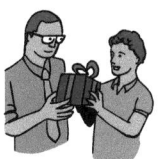

ممنون
Danke

قیمت ... چه قدر است؟

Was kostet...?

من متوجه نمی شوم

Ich verstehe nicht

مشکل

das Problem

عصر بخیر! / شب بخیر!

Guten Abend!

صبح بخیر!

Guten Morgen!

شب بخیر!

Gute Nacht!

خدانگهدار

Auf Wiedersehen

جهت

die Richtung

بار سفر

das Gepäck

کیف

die Tasche

کوله پشتی

der Rucksack

مهمان

der Gast

اتاق

das Zimmer

کیسه خواب

der Schlafsack

خیمه

das Zelt

مرکز راهنمای گردشگران

die Touristeninformation

ساحل

der Strand

کارت اعتباری

die Kreditkarte

صبحانه

das Frühstück

نهار

das Mittagessen

شام

das Abendessen

بلیط

die Fahrkarte

آسانسور

der Fahrstuhl

مهر

die Briefmarke

مرز

die Grenze

گمرک

der Zoll

سفارتخانه

die Botschaft

ویزا

das Visum

گذرنامه

der Pass

حمل و نقل
der Transport

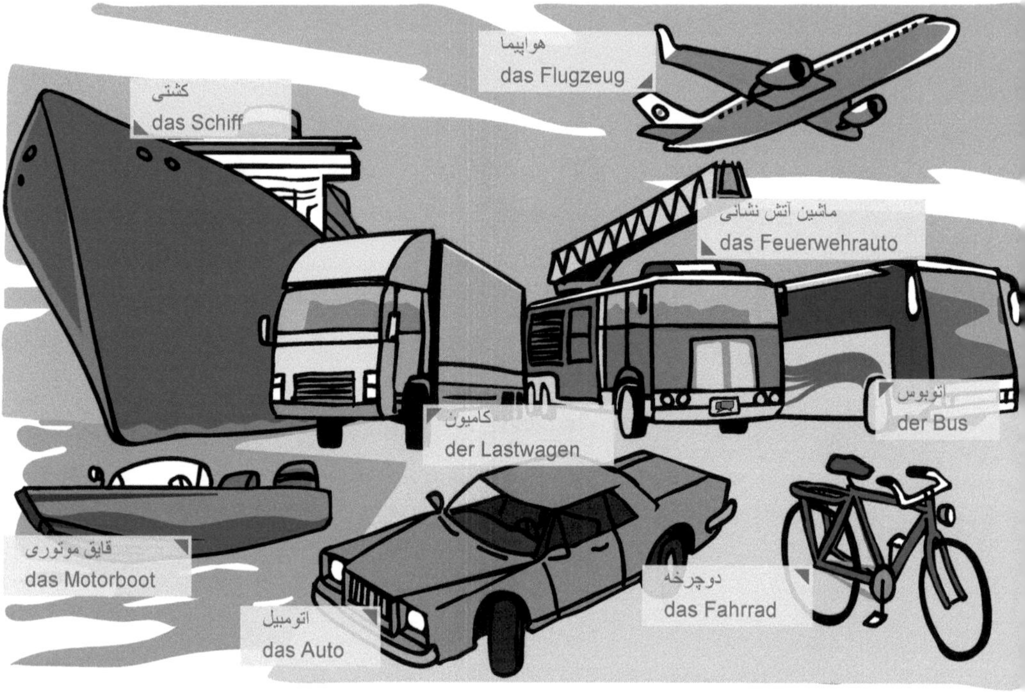
هواپیما
das Flugzeug
کشتی
das Schiff
ماشین آتش نشانی
das Feuerwehrauto
اتوبوس
der Bus
کامیون
der Lastwagen
قایق موتوری
das Motorboot
دوچرخه
das Fahrrad
اتومبیل
das Auto

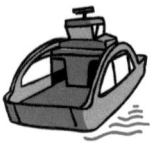

کشتی مسافربری
die Fähre

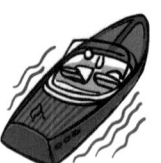

قایق
das Boot

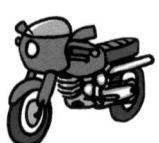

موتورسیکلت
das Motorrad

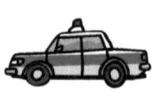

ماشین پلیس
das Polizeiauto

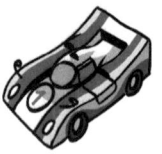

ماشین مسابقه
das Rennauto

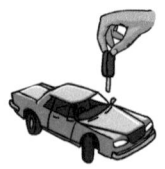

ماشین کرایه ای
der Mietwagen

به اشتراک گذاری اتوموبیل

das Carsharing

جرثقیل

der Abschleppwagen

ماشین حمل زباله

das Müllauto

موتور

der Motor

بنزین

der Kraftstoff

پمپ بنزین

die Tankstelle

تابلو راهنمایی و رانندگی

das Verkehrsschild

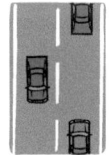

عبور و مرور

der Verkehr

ترافیک

der Stau

پارکینگ

der Parkplatz

ایستگاه قطار

der Bahnhof

ریل راه آهن

die Schienen

قطار

der Zug

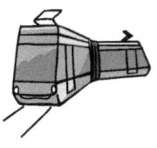

قطار برقی

die Straßenbahn

واگن

der Wagon

هلیکوپتر

der Helikopter

فرودگاه

der Flughafen

برج

der Tower

مسافر

der Passagier

کانتینر

der Container

کارتن

der Karton

گاری

der Karren

سبد

der Korb

به پرواز درآمدن / فرود آمدن

starten / landen

شهر

die Stadt

دهکده

das Dorf

مرکز شهر

das Stadtzentrum

خانه

das Haus

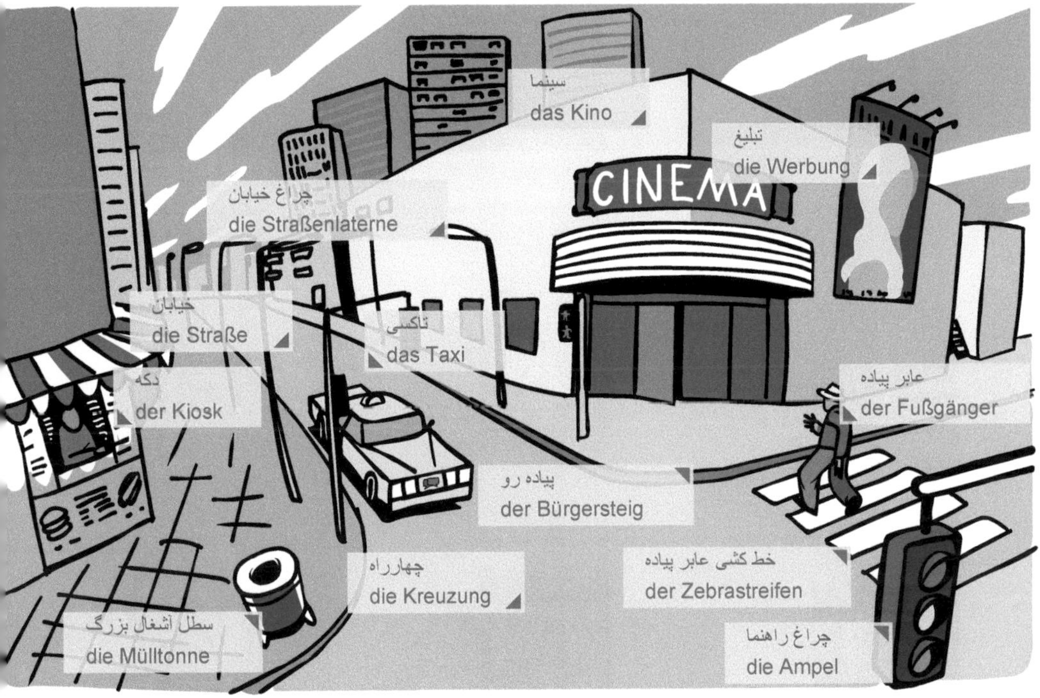
سینما
das Kino
تبلیغ
die Werbung
CINEMA
چراغ خیابان
die Straßenlaterne
خیابان
die Straße
تاکسی
das Taxi
دکه
der Kiosk
عابر پیاده
der Fußgänger
پیاده رو
der Bürgersteig
چهارراه
die Kreuzung
خط کشی عابر پیاده
der Zebrastreifen
سطل آشغال بزرگ
die Mülltonne
چراغ راهنما
die Ampel

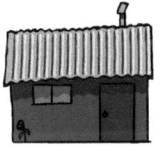

کلبه
....
die Hütte

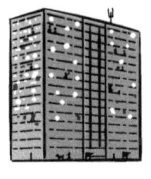

آپارتمان
....
die Wohnung

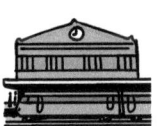

ایستگاه قطار
....
der Bahnhof

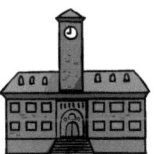

ساختمان شهرداری
....
das Rathaus

MUSEUM

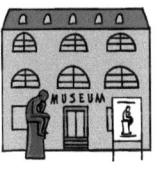

موزه
....
das Museum

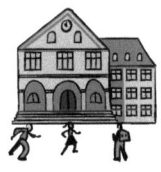

مدرسه
....
die Schule

دانشگاه

die Universität

بانک

die Bank

بیمارستان

das Krankenhaus

هتل

das Hotel

داروخانه

die Apotheke

اداره

das Büro

کتابفروشی

die Buchhandlung

مغازه

das Geschäft

گل فروشی

der Blumenladen

سوپرمارکت

der Supermarkt

بازار

der Markt

فروشگاه بزرگ

das Kaufhaus

ماهی فروش

der Fischhändler

مرکز خرید

das Einkaufszentrum

بندر

der Hafen

پارک

der Park

نیمکت

die Bank

پل

die Brücke

پله

die Treppe

مترو

die U-Bahn

تونل

der Tunnel

ایستگاه اتوبوس

die Bushaltestelle

میخانه

die Bar

رستوران

das Restaurant

صندوق پست

der Briefkasten

تابلوی خیابان

das Straßenschild

دستگاه پارکومتر

die Parkuhr

باغ وحش

der Zoo

استخر شنای عمومی

die Badeanstalt

مسجد

die Moschee

مزرعه

der Bauernhof

آلودگی محیط زیست

die Umweltverschmutzung

قبرستان

der Friedhof

کلیسا

die Kirche

زمین بازی

der Spielplatz

معبد

der Tempel

چشم انداز
die Landschaft

برگ
das Blatt

تابلوی راهنمای مسیر
der Wegweiser

راه
der Weg

چمنزار
die Wiese

سنگ
der Stein

راه نورد
der Wanderer

درخت
der Baum

رودخانه
der Fluss

چمن
das Gras

گل
die Blume

دره

....

das Tal

تپه

....

der Berg

دریاچه

....

der See

جنگل

....

der Wald

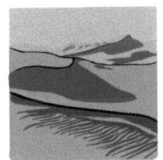

بیابان

....

die Wüste

کوه آتشفشان

....

der Vulkan

قلعه

....

das Schloss

رنگین کمان

....

der Regenbogen

قارچ

....

der Pilz

درخت نخل

....

die Palme

پشّه

....

der Moskito

مگس

....

die Fliege

مورچه

....

die Ameise

زنبور

....

die Biene

عنکبوت

....

die Spinne

سوسک

der Käfer

قورباغه

der Frosch

سنجاب

das Eichhörnchen

جوجه تیغی

der Igel

خرگوش صحرایی

der Hase

جغد

die Eule

پرنده

die Vogel

قو

der Schwan

گراز

das Wildschwein

گوزن نر

der Hirsch

گوزن شمالی

der Elch

سد آب

der Staudamm

توربین بادی

das Windrad

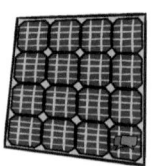

صفحه ی خورشیدی

das Solarmodul

آب و هوا

das Klima

رستوران

das Restaurant

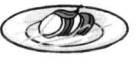

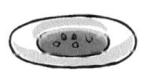

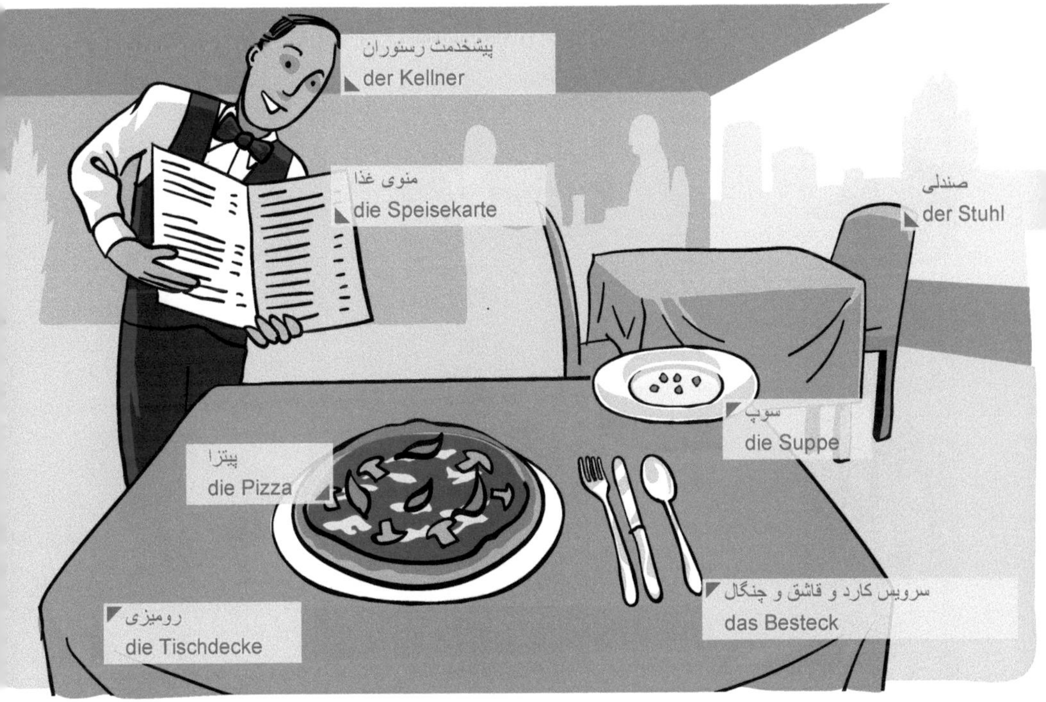
پیشخدمت رستوران
der Kellner
منوی غذا
die Speisekarte
صندلی
der Stuhl
سوپ
die Suppe
پیتزا
die Pizza
سرویس کارد و قاشق و چنگال
das Besteck
رومیزی
die Tischdecke

پیش‌غذا
....
die Vorspeise

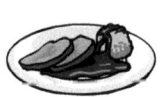

غذای اصلی
....
das Hauptgericht

دسر
....
die Nachspeise

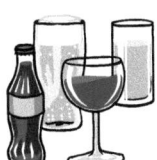

نوشیدنی ها
....
die Getränke

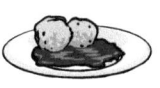

غذا
....
das Essen

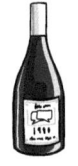

بطری
....
die Flasche

فست فود

das Fastfood

اغذیه خیابانی

das Streetfood

قوری

die Teekanne

قندان

die Zuckerdose

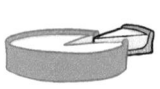

پُرس غذا

die Portion

دستگاه اسپرسو

die Espressomaschine

صندلی پایه بلند غذاخوری بچه

der Hochstuhl

صورتحساب

die Rechnung

سینی

das Tablett

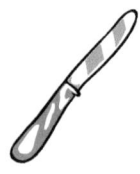

چاقو

das Messer

چنگال

die Gabel

قاشق

der Löffel

قاشق چایخوری

der Teelöffel

دستمال سفره

die Serviette

لیوان

das Glas

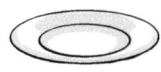

بشقاب

der Teller

بشقاب سوپخوری

der Suppenteller

نعلبکی

die Untertasse

سس

die Sauce

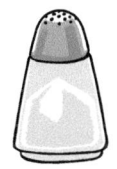

نمکدان

der Salzstreuer

فلفل ساب

die Pfeffermühle

سرکه

der Essig

روغن خوراکی

das Öl

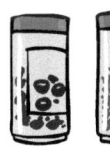

ادویه جات

die Gewürze

سس کچاپ

das Ketchup

سس خردل

der Senf

سس مایونز

die Mayonnaise

سوپرمارکت

der Supermarkt

پیشنهاد ویژه
das Angebot
FOR
مشتری
der Kunde
لبنیات
die Milchprodukte
میوه جات
das Obst
چرخ دستی خرید
der Einkaufswagen

BUTCHERS

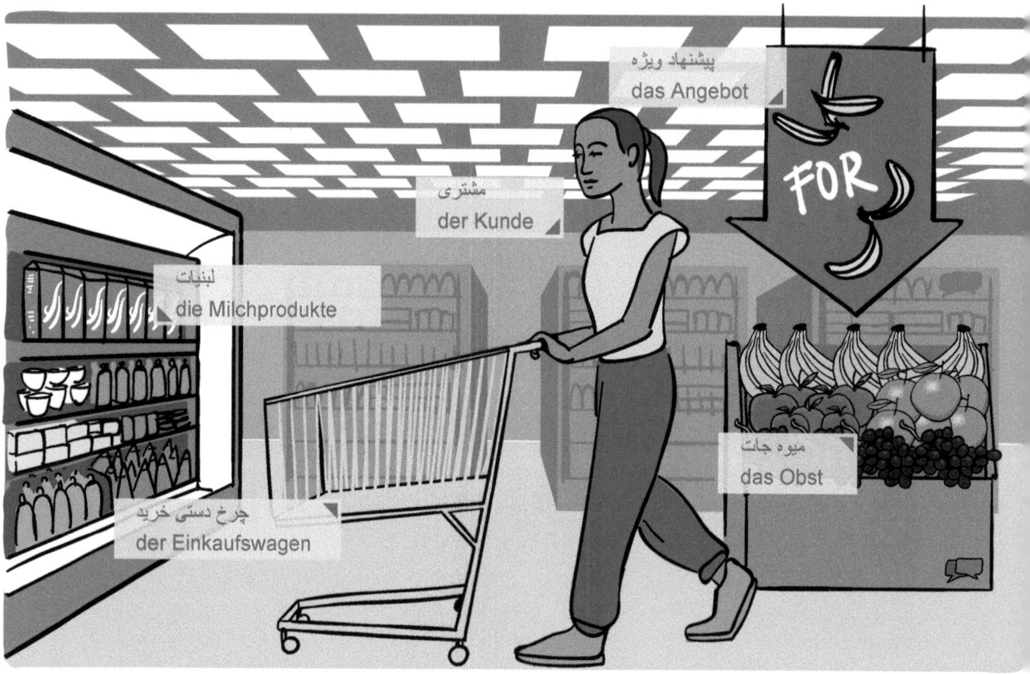

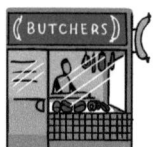

قصابی

die Schlachterei

BAKERY

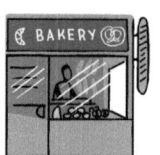

نانوایی

die Bäckerei

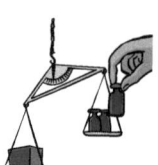

وزن کردن

wiegen

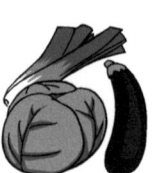

سبزیجات

das Gemüse

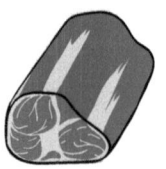

گوشت

das Fleisch

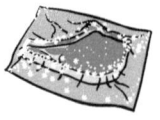

غذای منجمد

die Tiefkühlkost

مخلوطی از انواع کالباس یا پنیر که
ورقه ای بریده شده باشند

der Aufschnitt

غذای کنسروی

die Konserven

پودر لباسشویی

das Waschmittel

شیرینی جات

die Süßigkeiten

لوازم خانگی

die Haushaltsartikel

ماده شوینده و پاک کننده

das Reinigungsmittel

فروشنده

die Verkäuferin

صندوق پرداخت

die Kasse

صندوقدار

der Kassierer

لیست خرید

die Einkaufsliste

ساعات کار

die Öffnungszeiten

کیف پول

die Brieftasche

کارت اعتباری

die Kreditkarte

کیف

die Tasche

کیسه ی پلاستیکی

die Plastiktüte

آب

das Wasser

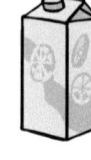

آبمیوه

der Saft

شیر

die Milch

نوشابه کوکاکولا

die Cola

شراب

der Wein

آبجو

das Bier

الکل

der Alkohol

کاکائو

der Kakao

چای

der Tee

قهوه

der Kaffee

قهوه اسپرسو

der Espresso

کاپوچینو

der Cappuccino

das Essen

موز

die Banane

سیب

der Apfel

پرتقال

die Orange

انواع هندوانه و خربزه

die Melone

لیمو

die Zitrone

هویج

die Karotte

سیر

der Knoblauch

نی بامبو

der Bambus

پیاز

die Zwiebel

قارچ

der Pilz

آجیل

die Nüsse

ماکارونی

die Nudeln

اسپاگتی

die Spaghetti

برنج

der Reis

سالاد

der Salat

سیب زمینی سرخ کرده

die Pommes frites

سیب زمینی سرخ شده

die Bratkartoffeln

پیتزا

die Pizza

همبرگر

der Hamburger

ساندویچ

das Sandwich

شنیتسل

das Schnitzel

ژامبون خوک

der Schinken

سالامی

die Salami

سوسیس

die Wurst

مرغ

das Huhn

نوعی گوشت سرخ شده

der Braten

ماهی

der Fisch

جوی پرک شده
....
die Haferflocken

نوعی صبحانه مخلوطی از برگه ذرت و
میوه های خشک شده و خشکبار که
معمولا با شیر خورده می شود
das Müsli

کورنفلکس
....
die Cornflakes

آرد
....
das Mehl

کرواسان
....
das Croissant

نان بروتشن
....
das Brötchen

نان
....
das Brot

نان تست
....
der Toast

بیسکویت
....
die Kekse

گره
....
die Butter

کشک
....
der Quark

کیک
....
der Kuchen

تخم مرغ
....
das Ei

تخم مرغ نیمرو
....
das Spiegelei

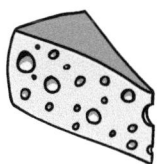

پنیر
....
der Käse

بستَنی

die Eiscreme

شكر

der Zucker

عسل

der Honig

مربا

die Marmelade

کرم شکلاتی بادامی

die Nougat-Creme

ادویه کاری

das Curry

مزرعه

der Bauernhof

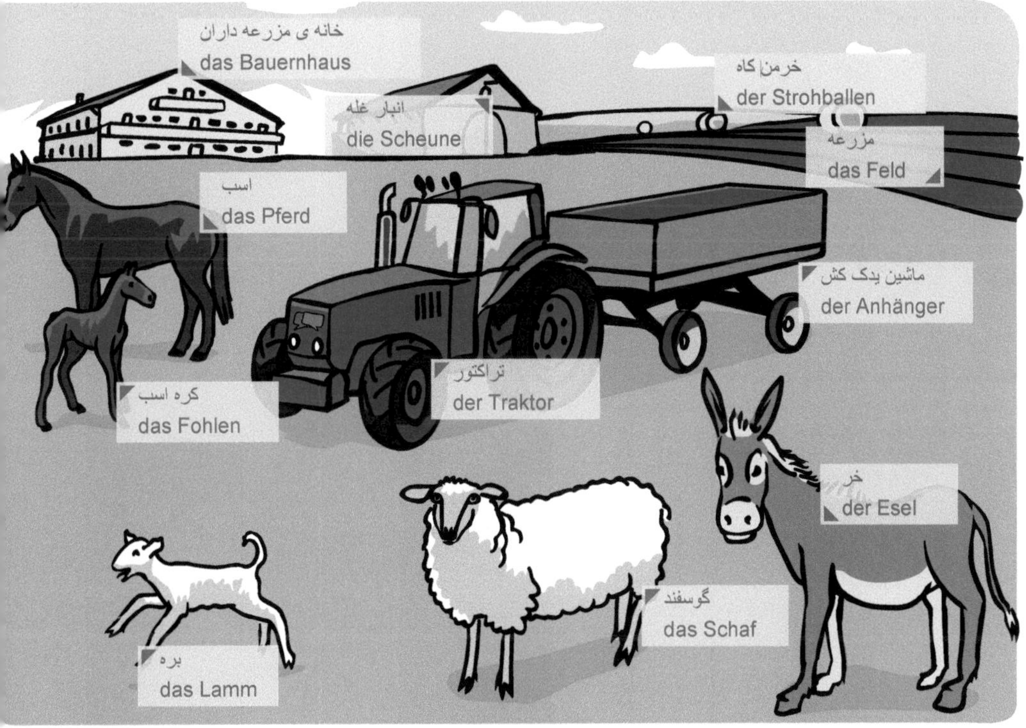
خانه ی مزرعه داران
das Bauernhaus
خرمن‌کاه
der Strohballen
انبار غله
die Scheune
مزرعه
das Feld
اسب
das Pferd
ماشین یدک کش
der Anhänger
تراکتور
der Traktor
کره اسب
das Fohlen
خر
der Esel
گوسفند
das Schaf
بره
das Lamm

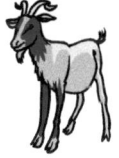

بز

die Ziege

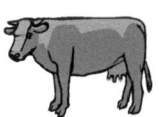

گاو ماده

die Kuh

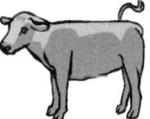

گوساله

das Kalb

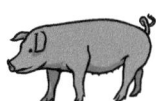

خوک

das Schwein

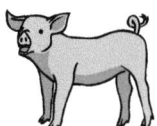

بچه خوک

das Ferkel

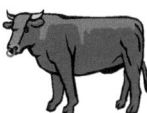

گاو نر

der Bulle

غاز

die Gans

اردک

die Ente

جوجه

das Küken

مرغ

das Huhn

خروس

der Hahn

موش صحرایی

die Ratte

گربه

die Katze

موش

die Maus

گاو نر اخته

der Ochse

سگ

der Hund

لانه ی سگ

die Hundehütte

شلنگ باغبانی

der Gartenschlauch

آبپاش

die Gießkanne

داس دسته بلند

die Sense

گاوآهن

der Pflug

داس

die Sichel

کج بیل

die Hacke

چنگک باغبانی

die Mistgabel

تبر

die Axt

فرقون

die Schubkarre

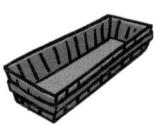

آبشخور

der Trog

بطری نگهداری شیر

die Milchkanne

کیسه

der Sack

حصار

der Zaun

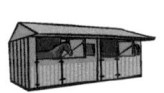

اصطبل

der Stall

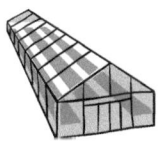

گلخانه

das Treibhaus

خاک

der Boden

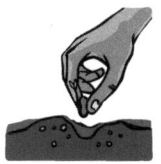

بذر

die Saat

کود

der Dünger

ماشین کمباین

der Mähdrescher

برداشت کردن محصول

ernten

محصول

die Ernte

تمیس

die Yamswurzel

گندم

der Weizen

سویا

das Soja

سیب زمینی

die Kartoffel

ذرت

der Mais

کلزا

der Raps

درخت میوه

der Obstbaum

گیاه مانیوک

der Maniok

غلات

das Getreide

خانه

das Haus

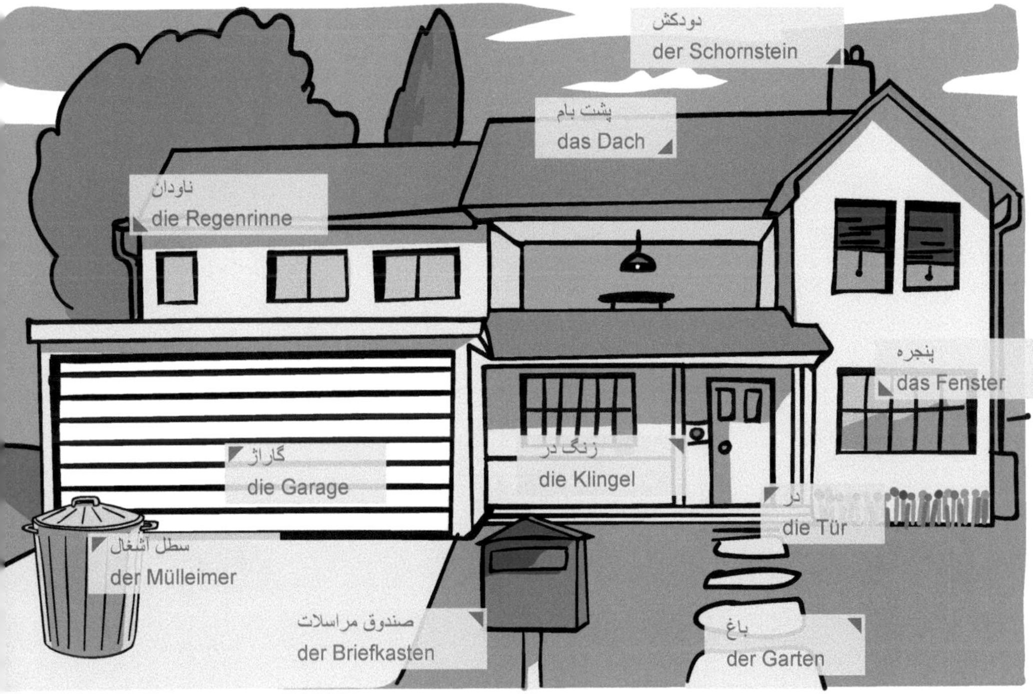
دودکش
der Schornstein
پشت بام
das Dach
ناودان
die Regenrinne
پنجره
das Fenster
گاراژ
die Garage
زنگ در
die Klingel
در
die Tür
سطل آشغال
der Mülleimer
صندوق مراسلات
der Briefkasten
باغ
der Garten

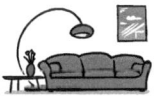

اتاق نشیمن
....
das Wohnzimmer

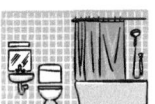

حمام
....
das Badezimmer

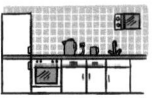

آشپزخانه
....
die Küche

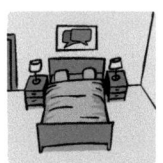

اتاق خواب
....
das Schlafzimmer

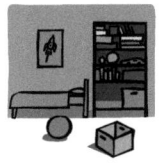

اتاق بچه
....
das Kinderzimmer

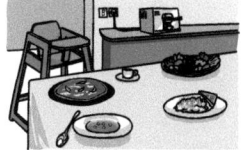

ناهارخوری
....
das Esszimmer

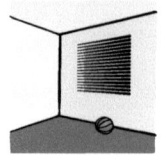

کف زمین
....
der Boden

دیوار
....
die Wand

سقف
....
die Decke

زیرزمین
....
der Keller

سونا
....
die Sauna

بالکن
....
der Balkon

تراس
....
die Terrasse

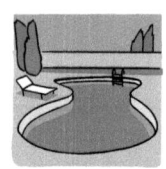

استخر
....
das Schwimmbad

ماشین چمنزنی
....
der Rasenmäher

ملافه
....
der Bettbezug

روتختی
....
die Bettdecke

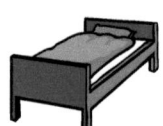

تخت خواب
....
das Bett

جارو
....
der Besen

سطل
....
der Eimer

سویچ یا کلید
....
der Schalter

اتاق نشیمن

das Wohnzimmer

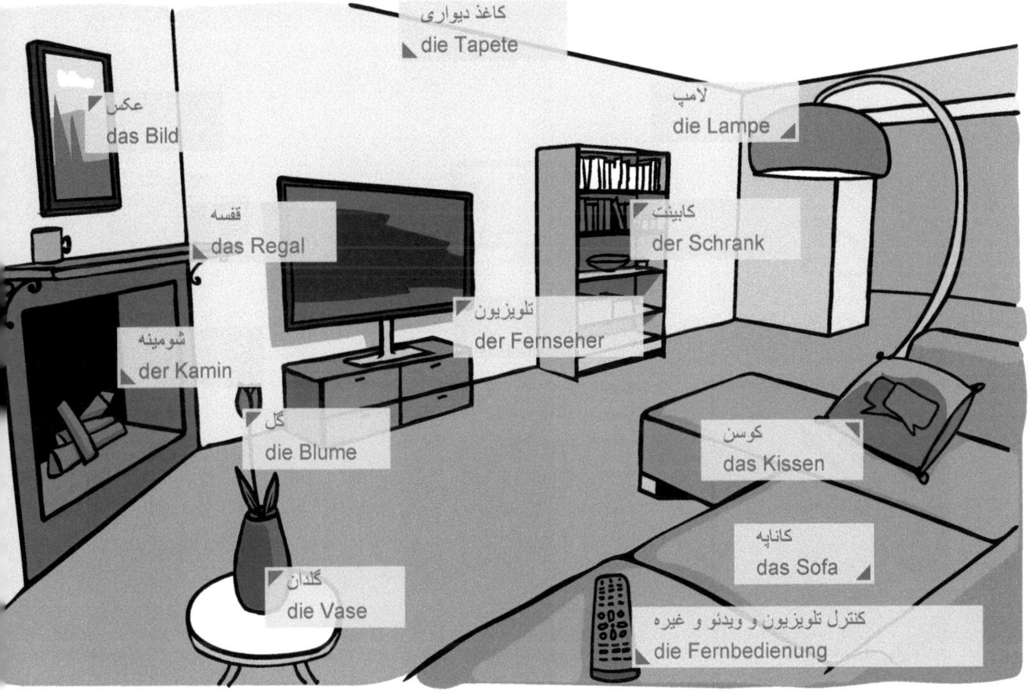

کاغذ دیواری
die Tapete
عکس
das Bild
لامپ
die Lampe
قفسه
das Regal
کابینت
der Schrank
تلویزیون
der Fernseher
شومینه
der Kamin
گل
die Blume
کوسن
das Kissen
کاناپه
das Sofa
گلدان
die Vase
کنترل تلویزیون و ویدئو و غیره
die Fernbedienung

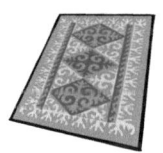

فرش

der Teppich

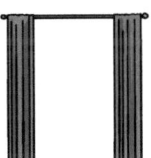

پرده

der Vorhang

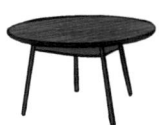

میز

der Tisch

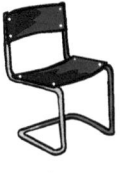

صندلی

der Stuhl

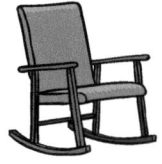

صندلی گهواره ایی

der Schaukelstuhl

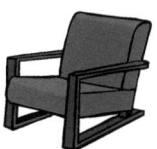

صندلی راحتی

der Sessel

كتاب

das Buch

لحاف

die Decke

دكوراسيون

die Dekoration

هیزم

das Feuerholz

فیلم

der Film

دستگاه ضبط صوت

die Stereoanlage

کلید

der Schlüssel

روزنامه

die Zeitung

تابلو نقاشی

das Gemälde

پوستر

das Poster

رادیو

das Radio

دفترچه یادداشت

der Notizblock

جاروبرقی

der Staubsauger

کاکتوس

der Kaktus

شمع

die Kerze

آشپزخانه
die Küche

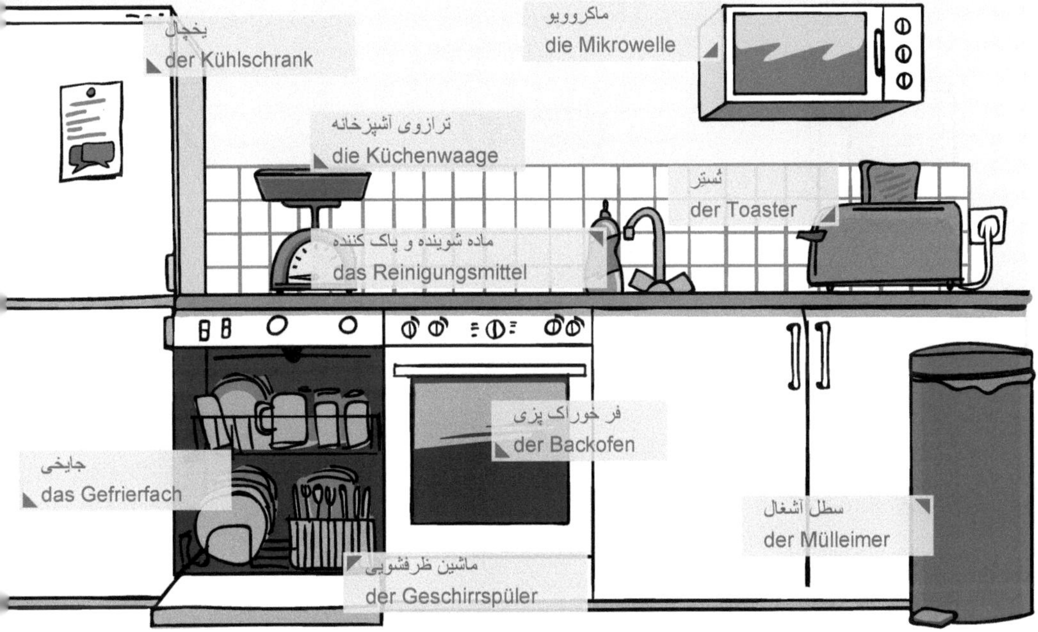

یخچال
der Kühlschrank
ماکروویو
die Mikrowelle
ترازوی آشپزخانه
die Küchenwaage
تُستر
der Toaster
ماده شوینده و پاک کننده
das Reinigungsmittel
فر خوراک پزی
der Backofen
جایخی
das Gefrierfach
سطل آشغال
der Mülleimer
ماشین ظرفشویی
der Geschirrspüler

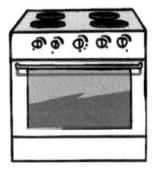

اجاق گاز

der Herd

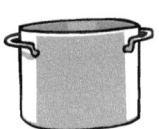

قابلمه

der Topf

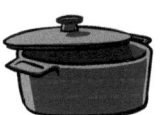

قابلمه چدنی

der Eisentopf

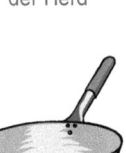

ماهی تابه گود

der Wok / Kadai

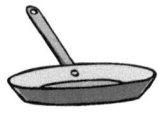

ماهی تابه

die Pfanne

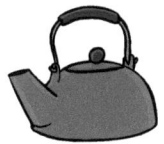

کتری

der Wasserkocher

بخاریز

der Dampfgarer

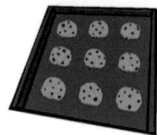

سینی فر

das Backblech

ظرف چینی آشپزخانه

das Geschirr

لیوان

der Becher

کاسه

die Schale

چاپستیک

die Essstäbchen

ملاقه

die Suppenkelle

کفگیر

der Pfannenwender

همزن

der Schneebesen

آبکش

das Kochsieb

آبکش

das Sieb

رنده

die Reibe

هاون

der Mörser

باربیکیو

der Grill

محل مخصوص افروختن آتش

die Feuerstelle

نخنه گوشت و سبزی

das Schneidebrett

وردنه

das Nudelholz

در بطری بازکن

der Korkenzieher

قوطی

die Dose

در قوطی بازکن

der Dosenöffner

دستگیره پارچه ای

der Topflappen

سینک ظرفشویی

das Waschbecken

برس گردگیری

die Bürste

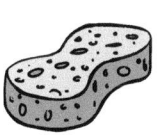

اسفنج

der Schwamm

مخلوط کن

der Mixer

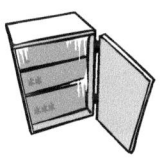

فریزر

die Gefriertruhe

شیشه شیر بچه

die Babyflasche

شیر آب

der Wasserhahn

das Badezimmer

بخاری
die Heizung

دوش
die Dusche

حوله
das Handtuch

پرده ی حمام
der Duschvorhang

حمام کف
das Schaumbad

وان حمام
die Badewanne

لیوان
das Glas

ماشین لباسشویی
die Waschmaschine

شیر آب
der Wasserhahn

کاشی
die Fliesen

لگن دستشویی کودکان
das Töpfchen

سینک ظرفشویی
das Waschbecken

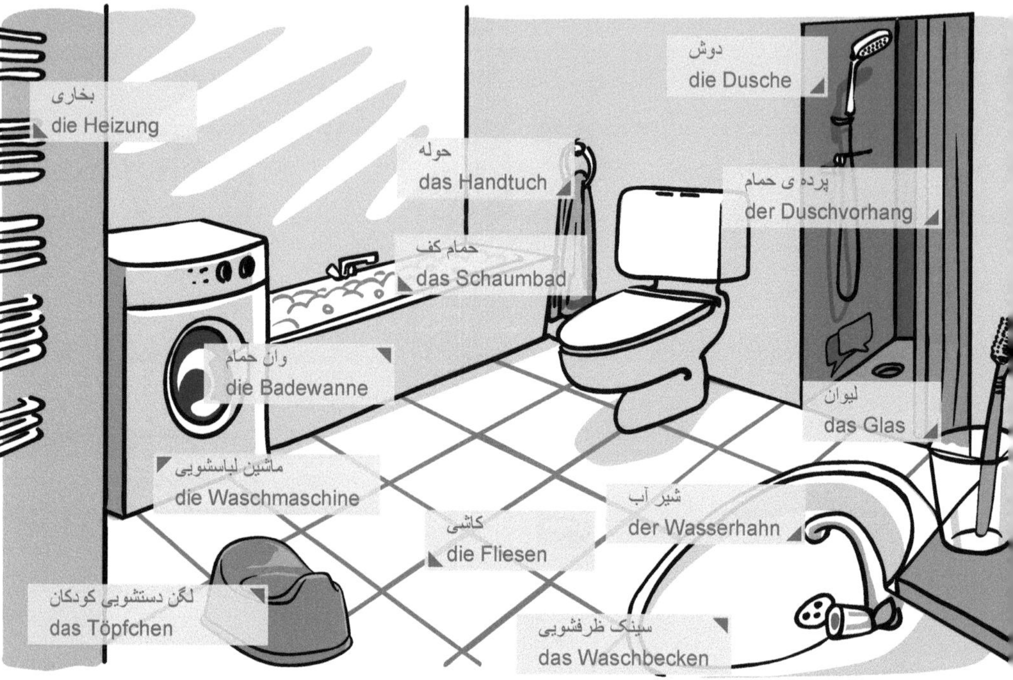

توالت
die Toilette

توالت ایرانی
die Hocktoilette

کاسه توالت
das Bidet

توالت مخصوص آقایان
das Pissoir

دستمال توالت
das Toilettenpapier

فرچه توالت
die Toilettenbürste

مسواک

die Zahnbürste

خمیردندان

die Zahnpasta

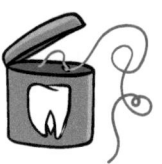

نخ دندان

die Zahnseide

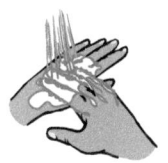

شستن

waschen

دوش آب تلفنی

die Handbrause

شلنگ توالت

die Intimdusche

لگن روشویی

die Waschschüssel

برس شست و شوی پشت

die Rückenbürste

صابون

die Seife

شامپو بدن

das Duschgel

شامپو

das Shampoo

لیف حمام

der Waschlappen

راه آب

der Abfluss

کرم

die Creme

اسپری دئودورانت

das Deodorant

آیینه

der Spiegel

آیینه ی کوچک دستی

der Kosmetikspiegel

تیغ ریش تراشی

der Rasierer

کف ریش‌تراشی

der Rasierschaum

آفترشیو

das Rasierwasser

شانه ی سر

der Kamm

برس

die Bürste

سشوار

der Föhn

اسپری مو

das Haarspray

آرایش

das Makeup

رژلب

der Lippenstift

لاک ناخن

der Nagellack

پنبه

die Watte

قیچی ناخن

die Nagelschere

عطر

das Parfum

کیف لوازم آرایشی و بهداشتی

der Kulturbeutel

چهارپایه

der Hocker

ترازو

die Waage

حوله ی پالتویی

der Bademantel

دستکش ظرفشویی

die Gummihandschuhe

تامپون

das Tampon

نوار بهداشتی

die Damenbinde

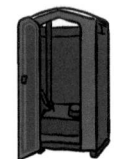

توالت سیار

die Chemietoilette

اتاق بچه
das Kinderzimmer

ساعت زنگدار
der Wecker
نوعی عروسک نرم به شکل حیوانات
das Kuscheltier
ماشین اسباب بازی
das Spielzeugauto
جغجغه
die Rassel
خانه ی عروسکی
das Puppenhaus
کادو
das Geschenk

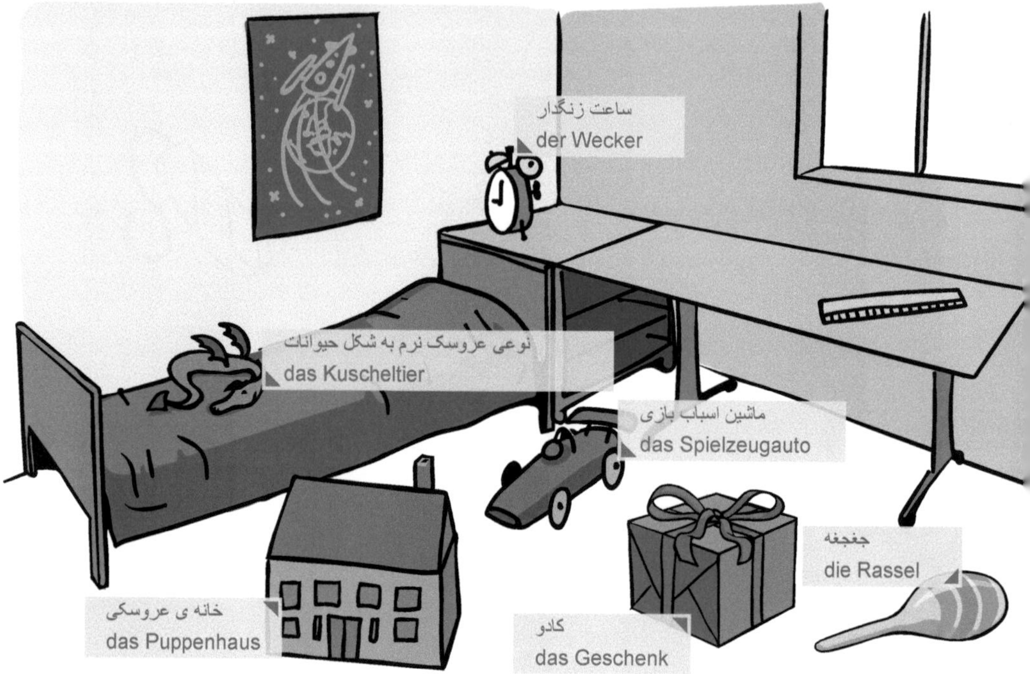

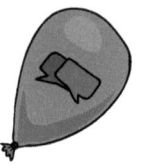

بادکنک

der Ballon

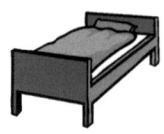

تخت خواب

das Bett

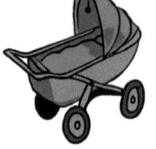

کالسکه بچه

der Kinderwagen

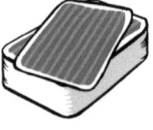

بازی ورق

das Kartenspiel

پازل

das Puzzle

SUPER
MEGA

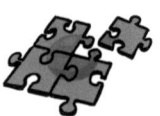

داستان مصور

der Comic

اسباب بازی لگو

die Legosteine

خانه سازی

die Bausteine

عروسک شخصیت های فیلم و کارتون

die Action Figur

لباس نوزاد

der Strampelanzug

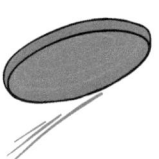

فریزبی

das Frisbee

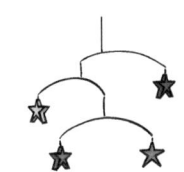

نوعی اسباب بازی که روی تخت نوزاد
یا کودک نصب می شود

das Mobile

بازی روی صفحه

das Brettspiel

تاس

der Würfel

قطار اسباب بازی

die Modelleisenbahn

پستانک

der Schnuller

مهمانی

die Party

کتاب مصور

das Bilderbuch

توپ

der Ball

عروسک

die Puppe

بازی کردن

spielen

جعبه شنی مخصوص بازی کودکان

der Sandkasten

تاب

die Schaukel

اسباب بازی

das Spielzeug

کنسول بازی های کامپیوتری

die Spielkonsole

سه چرخه

das Dreirad

خرس عروسکی

der Teddy

کمد لباس

der Kleiderschrank

جوراب

die Socken

جوراب زنانه ساق بلند

die Strümpfe

جوراب شلواری

die Strumpfhose

شال
der Schal

چتر
der Regenschirm

تی شرت
das T-Shirt

کمربند
der Gürtel

پوتین
der Stiefel

دمپایی
die Hausschuhe

کفش ورزشی کتانی
die Turnschuhe

صندل
die Sandalen

کفش
die Schuhe

چکمه پلاستیکی
die Gummistiefel

شُرت
die Unterhose

سوتین
der Büstenhalter

جلیقه
das Unterhemd

بادی

der Body

شلوار

die Hose

جین

die Jeans

دامن

der Rock

بلوز

die Bluse

پیراهن

das Hemd

پولیور

der Pullover

سویی شرت

der Kapuzenpullover

نوعی کت

der Blazer

ژاکت

die Jacke

کت بلند

der Mantel

بارانی

der Regenmantel

لباس نمایش

das Kostüm

لباس

das Kleid

لباس عروس

das Hochzeitskleid

كت و شلوار

der Anzug

لباس خواب زنانه

das Nachthemd

پیژامه

der Schlafanzug

ساری

der Sari

روسری

das Kopftuch

عمامه

der Turban

برقع

die Burka

قبا

der Kaftan

عبا

die Abaya

لباس شنا

der Badeanzug

شرت شنا

die Badehose

شلوارک

die kurze Hose

لباس ورزشی

der Trainingsanzug

پیشبند

die Schürze

دستکش

die Handschuhe

دکمه

der Knopf

عینک

die Brille

دستبند

das Armband

گردنبند

die Halskette

انگشتر

der Ring

گوشواره

der Ohrring

کلاه لبه دار

die Mütze

چوب لباسی

der Kleiderbügel

کلاه

der Hut

کراوات

die Krawatte

زیپ

der Reißverschluss

کلاه ایمنی

der Helm

بند شلوار

der Hosenträger

لباس مدرسه

die Schuluniform

لباس فرم

die Uniform

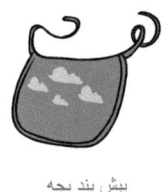

پیش بند بچه

das Lätzchen

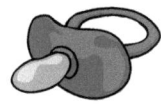

پستانک

der Schnuller

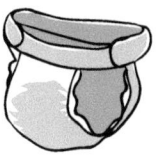

پوشک بچه

die Windel

اداره

das Büro

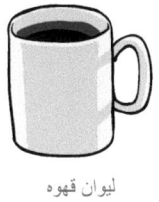

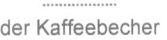

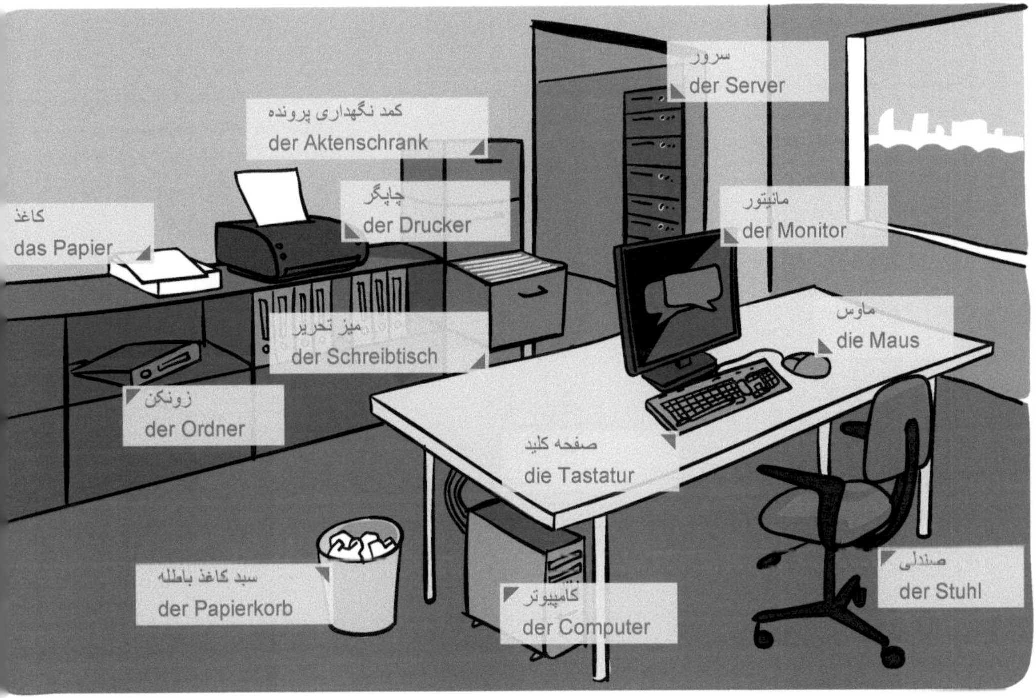

سرور
der Server
کمد نگهداری پرونده
der Aktenschrank
کاغذ
das Papier
چاپگر
der Drucker
مانیتور
der Monitor
ماوس
die Maus
میز تحریر
der Schreibtisch
زونکن
der Ordner
صفحه کلید
die Tastatur
سبد کاغذ باطله
der Papierkorb
کامپیوتر
der Computer
صندلی
der Stuhl

لیوان قهوه

der Kaffeebecher

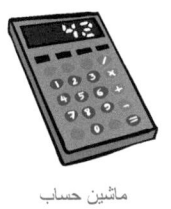

ماشین حساب

der Taschenrechner

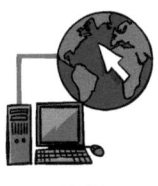

اینترنت

das Internet

لپ تاپ

der Laptop

نامه

der Brief

پیغام

die Nachricht

تلفن همراه

das Handy

شبکه ی ارتباطی

das Netzwerk

دستگاه فتوکپی

der Kopierer

نرم افزار

die Software

تلفن

das Telefon

پریز

die Steckdose

دستگاه فاکس

das Fax

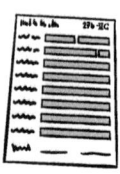

فرم

das Formular

مدرک

das Dokument

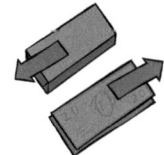

خریدن

kaufen

پرداخت کردن

bezahlen

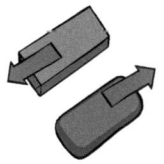

تجارت کردن

handeln

پول

das Geld

دلار

der Dollar

یورو

der Euro

ین

der Yen

روبل

der Rubel

فرانک سوئیس

der Franken

یوان رنمینبی

der Renminbi Yuan

روپیه

die Rupie

دستگاه خودپرداز

der Geldautomat

صرافی

die Wechselstube

طلا

das Gold

نقره

das Silber

نفت

das Öl

انرژی

die Energie

قیمت

der Preis

قرارداد

der Vertrag

مالیات

die Steuer

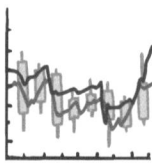

سهام سرمایه

die Aktie

کار کردن

arbeiten

کارمند

der Angestellte

کارفرما

der Arbeitgeber

کارخانه

die Fabrik

مغازه

das Geschäft

مشاغل
die Berufe

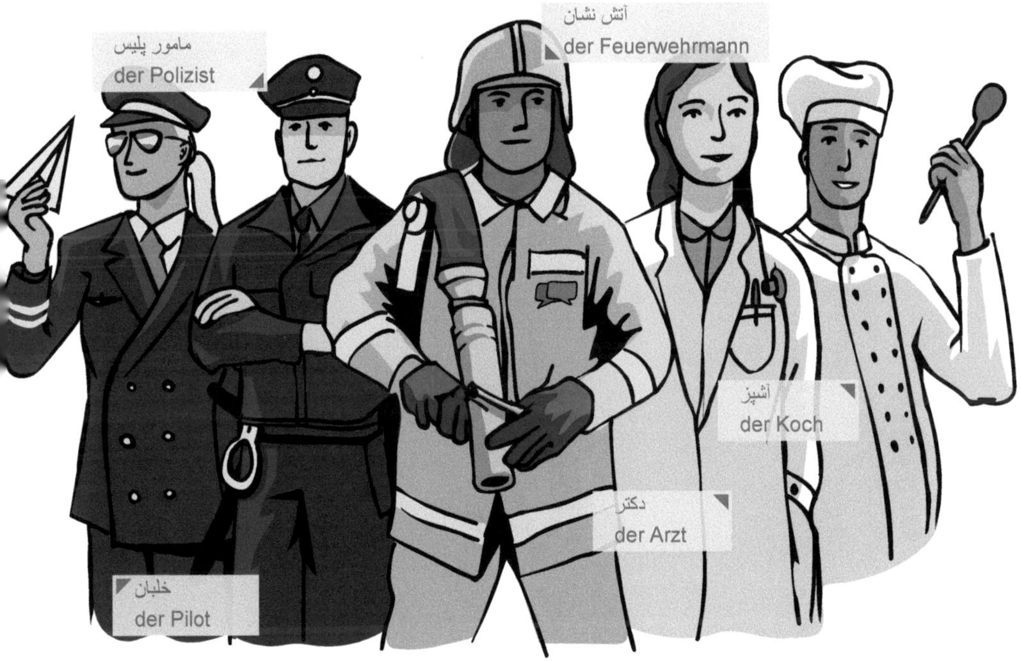

آتش نشان
der Feuerwehrmann
مامور پلیس
der Polizist
آشپز
der Koch
دکتر
der Arzt
خلبان
der Pilot

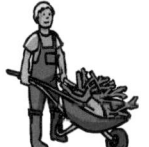

باغبان

der Gärtner

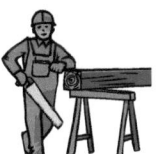

نجار

der Tischler

خیاط زنانه

die Näherin

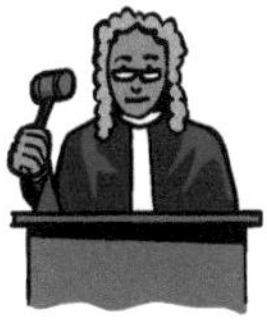

قاضی

der Richter

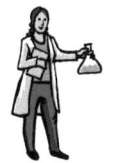

شیمیدان

der Chemiker

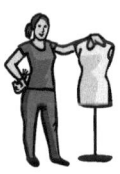

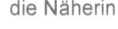

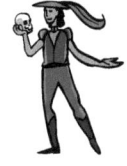

بازیگر

der Schauspieler

راننده اتوبوس

der Busfahrer

راننده تاکسی

der Taxifahrer

ماهیگیر

der Fischer

نظافتچی زن

die Putzfrau

سقف ساز

der Dachdecker

پیشخدمت رستوران

der Kellner

شکارچی

der Jäger

نقاش

der Maler

نانوا

der Bäcker

برقکار

der Elektriker

کارگر ساختمانی

der Bauarbeiter

مهندس

der Ingenieur

قصاب

der Schlachter

لوله کش

der Klempner

پستچی

der Postbote

سرباز

der Soldat

معمار

der Architekt

صندوقدار

der Kassierer

گل فروش

der Florist

آرایشگر

der Friseur

مامور کنترل بلیط در قطار

der Schaffner

مکانیک

der Mechaniker

ناخدا

der Kapitän

دندانپزشک

der Zahnarzt

دانشمند

der Wissenschaftler

عالم یهودی

der Rabbi

امام

der Imam

راهب

der Mönch

کشیش

der Geistliche

مشاغل - die Berufe

ابزارآلات

die Werkzeuge

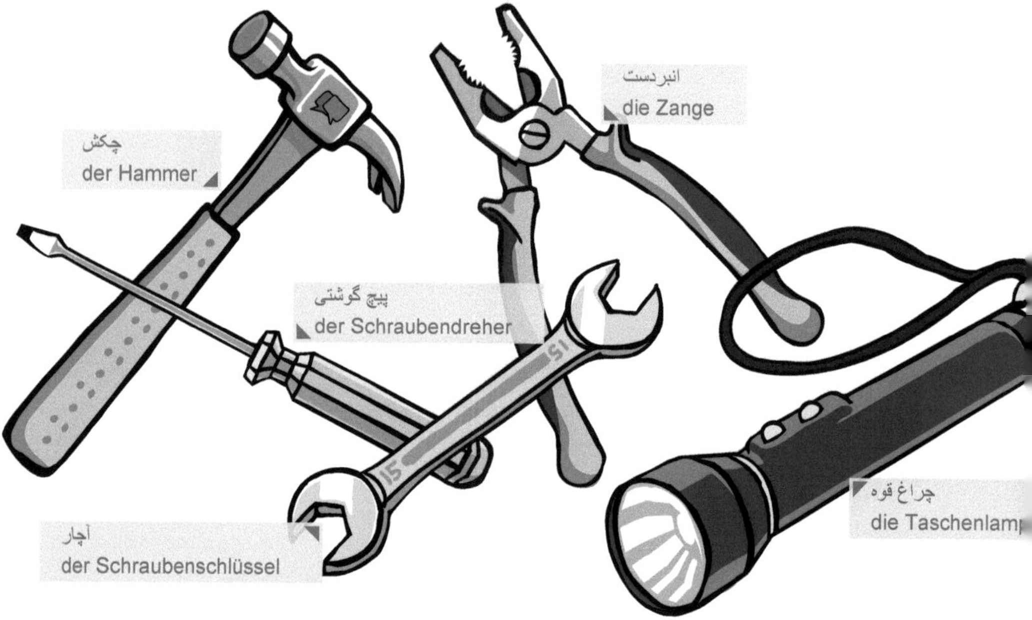

چکش
der Hammer
انبردست
die Zange
پیچ گوشتی
der Schraubendreher
آچار
der Schraubenschlüssel
چراغ قوه
die Taschenlamp

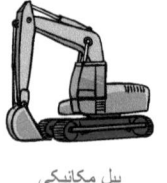

بیل مکانیکی

der Bagger

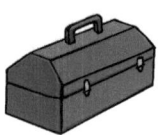

جعبه ابزار

der Werkzeugkasten

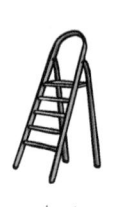

نردبان

die Leiter

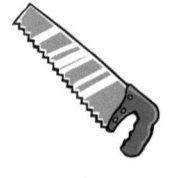

ارّه

die Säge

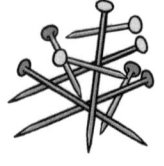

میخ

die Nägel

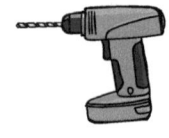

مته

der Bohrer

تعمیر کردن

reparieren

بیل

die Schaufel

لعنتی!

Mist!

خاک انداز

das Kehrblech

سطل رنگرزی

der Farbtopf

پیچ

die Schrauben

آلات موسیقی

die Musikinstrumente

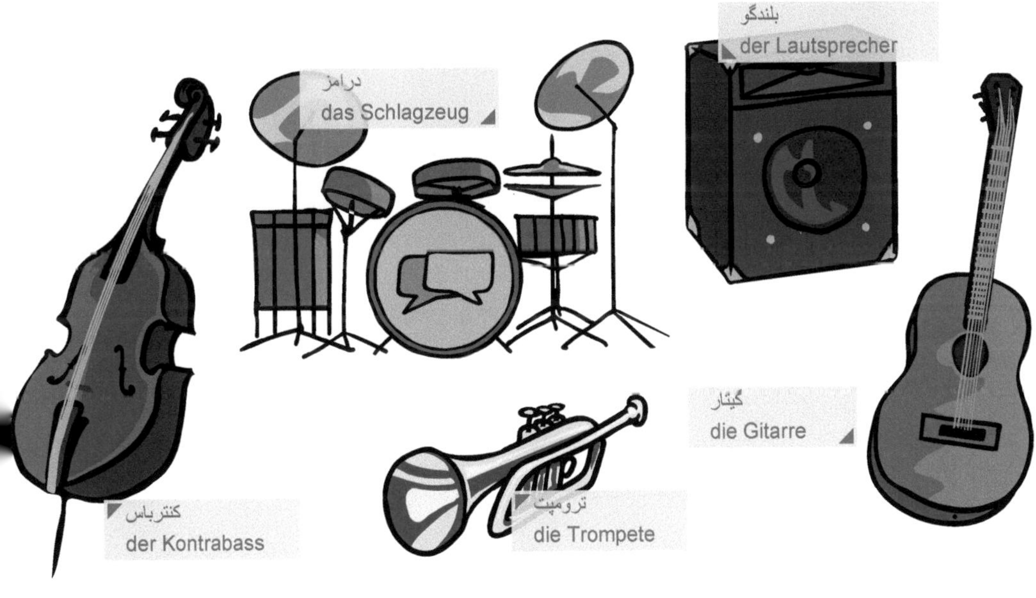

بلندگو
der Lautsprecher

درامز
das Schlagzeug

کنترباس
der Kontrabass

گیتار
die Gitarre

ترومپت
die Trompete

پیانو
....
das Klavier

ویولن
....
die Violine

گیتار بیس
....
der Bass

تیمپانی
....
die Pauke

طبل
....
die Trommeln

کیبورد الکتریک
....
das Keyboard

ساکسیفون
....
das Saxophon

فلوت
....
die Flöte

میکروفون
....
das Mikrofon

باغ وحش
der Zoo

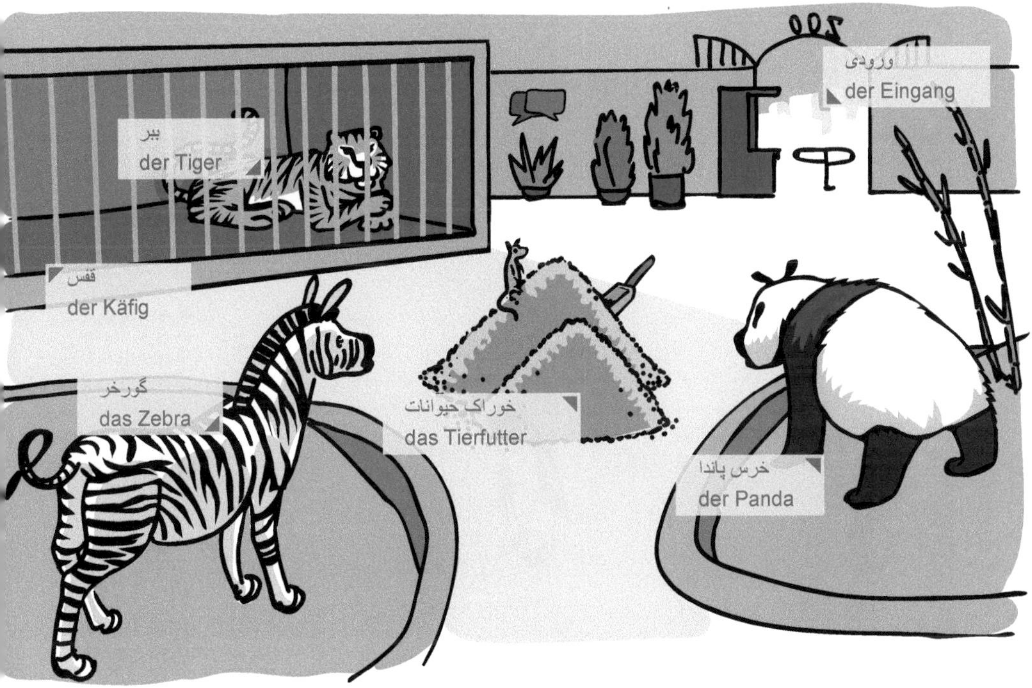

ورودی
der Eingang
ببر
der Tiger
قفس
der Käfig
گورخر
das Zebra
خوراک حیوانات
das Tierfutter
خرس پاندا
der Panda

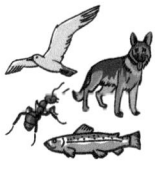

حیوانات
....
die Tiere

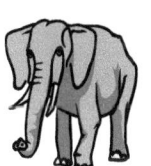

فیل
....
der Elefant

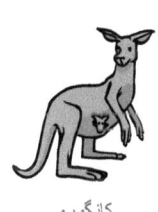

کانگورو
....
das Känguruh

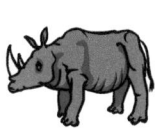

کرگدن
....
das Nashorn

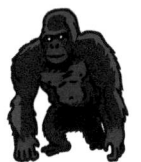

گوریل
....
der Gorilla

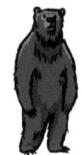

خرس
....
der Bär

شتر

das Kamel

شترمرغ

der Strauß

شیر

der Löwe

میمون

der Affe

فلامینگو

der Flamingo

طوطی

der Papagei

خرس قطبی

der Eisbär

پنگوئن

der Pinguin

کوسه

der Hai

طاووس

der Pfau

مار

die Schlange

تمساح

das Krokodil

نگهبان باغ وحش

der Zoowärter

خوک آبی

die Robbe

پلنگ امریکایی

der Jaguar

اسب كوچك
das Pony

پلنگ
der Leopard

اسب آبی
das Nilpferd

زرافه
die Giraffe

عقاب
der Adler

گراز
das Wildschwein

ماهی
der Fisch

لاک پشت
die Schildkröte

شیرماهی
das Walross

روباه
der Fuchs

غزال
die Gazelle

فوتبال آمریکایی
das American Football

دوچرخه سواری
das Radfahren

تنیس
das Tennis

بسکتبال
der Basketball

شنا
das Schwimmen

بوکس
das Boxen

هاکی روی یخ
das Eishockey

فوتبال
der Fußball

بدمینتون
das Badminton

دوومیدانی
die Leichtathletik

هندبال
der Handball

اسکی
das Skilaufen

پولو
das Polo

فعالیت ها

die Aktivitäten

خندیدن
lachen
پریدن
springen
بغل کردن
umarmen
راه رفتن
gehen
آواز خواندن
singen
رؤیا دیدن
träumen
دعا کردن
beten
بوسیدن
küssen

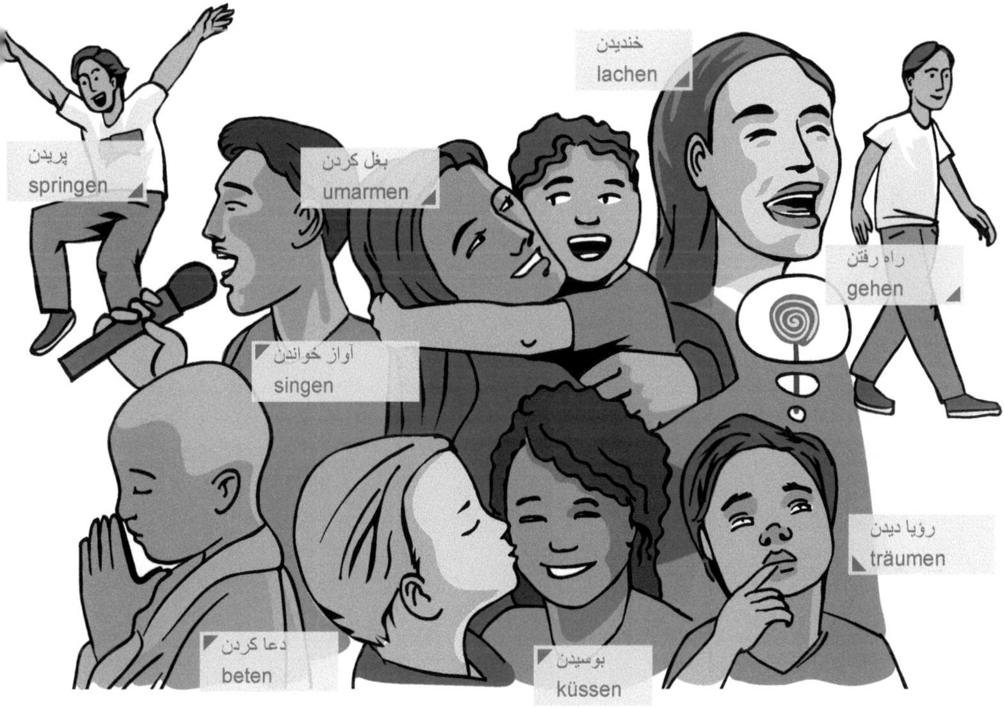

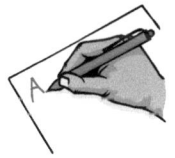

نوشتن
schreiben

رسم کردن
zeichnen

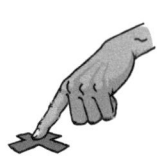

نشان دادن
zeigen

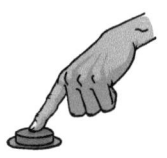

هل دادن
drücken

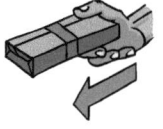

دادن
geben

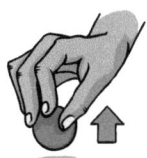

برداشتن
nehmen

داشتن

haben

انجام دادن

tun

بودن

sein

ایستادن

stehen

دویدن

laufen

کشیدن

ziehen

پرتاب کردن

werfen

افتادن

fallen

دراز کشیدن

liegen

منتظر بودن

warten

حمل کردن

tragen

نشستن

sitzen

لباس پوشیدن

anziehen

خوابیدن

schlafen

بیدار شدن

aufwachen

تماشا کردن

ansehen

گریه کردن

weinen

نوازش کردن

streicheln

شانه کردن

kämmen

حرف زدن

reden

فهمیدن

verstehen

پرسیدن

fragen

شنیدن

hören

آشامیدن

trinken

خوردن

essen

مرتب کردن

aufräumen

عاشق بودن

lieben

پختن

kochen

رانندگی کردن

fahren

پرواز کردن

fliegen

قايقرانى كردن

segeln

محاسبه كردن

rechnen

خواندن

lesen

ياد گرفتن

lernen

كار كردن

arbeiten

ازدواج كردن

heiraten

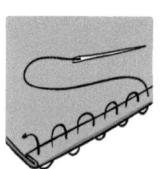

دوختن

nähen

مسواك زدن

Zähne putzen

كشتن

töten

سيگار كشيدن

rauchen

فرستادن

senden

خانواده
die Familie

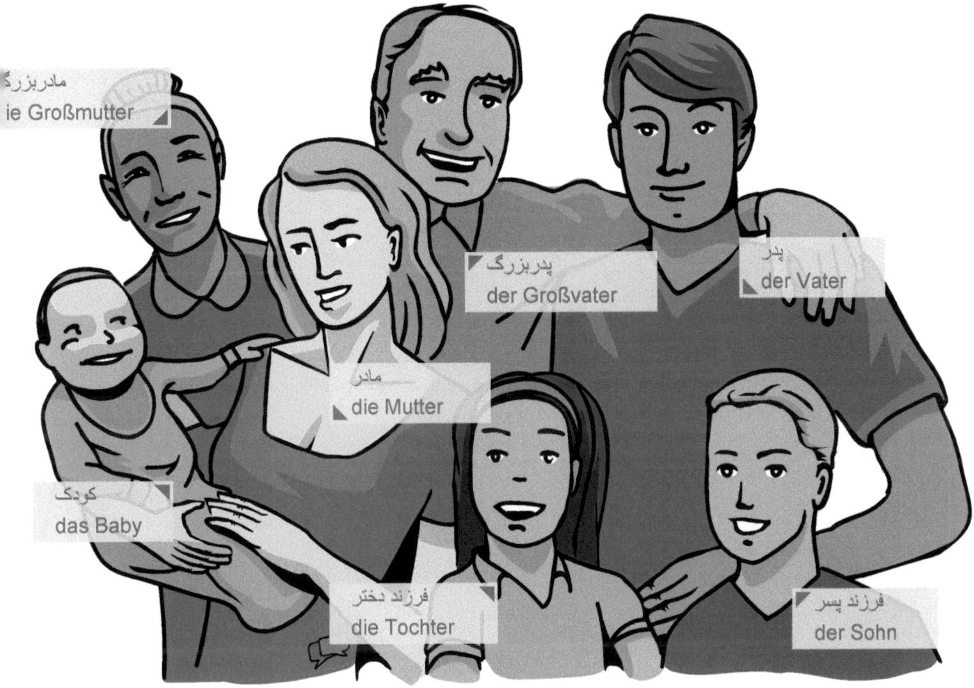

مادربزرگ
ie Großmutter
پدربزرگ
der Großvater
پدر
der Vater
مادر
die Mutter
کودک
das Baby
فرزند دختر
die Tochter
فرزند پسر
der Sohn

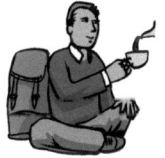

مهمان

der Gast

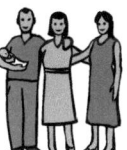

خاله، عمه

die Tante

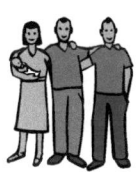

دایی، عمو

der Onkel

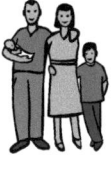

برادر

der Bruder

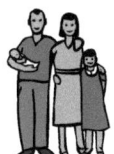

خواهر

die Schwester

بدن

der Körper

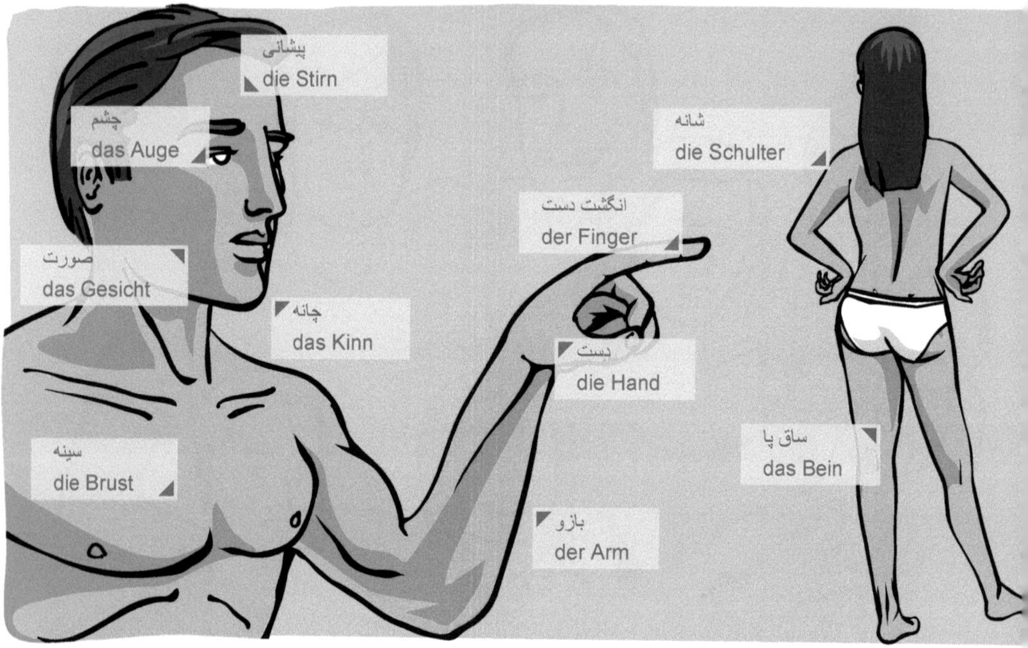

پیشانی
die Stirn

چشم
das Auge

شانه
die Schulter

انگشت دست
der Finger

صورت
das Gesicht

چانه
das Kinn

دست
die Hand

سینه
die Brust

ساق پا
das Bein

بازو
der Arm

کودک
das Baby

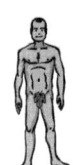

مرد
der Mann

زن
die Frau

دختربچه
das Mädchen

پسربچه
der Junge

کله
der Kopf

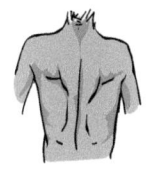

کمر

der Rücken

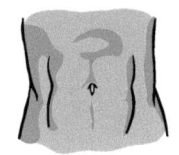

شکم

der Bauch

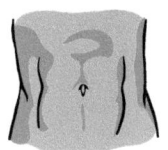

ناف

der Nabel

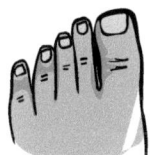

انگشت پا

der Zeh

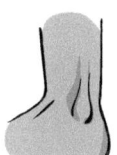

پاشنه

die Ferse

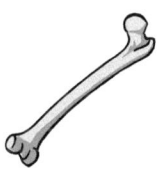

استخوان

der Knochen

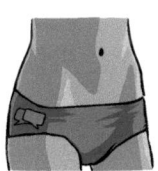

لگن

die Hüfte

زانو

das Knie

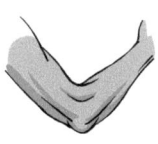

آرنج

der Ellenbogen

بینی

die Nase

نشیمنگاه

das Gesäß

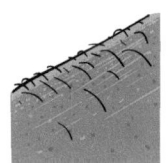

پوست

die Haut

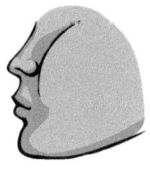

گونه

die Wange

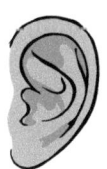

گوش

das Ohr

لب

die Lippe

دهان

der Mund

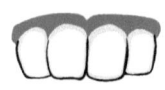

دندان

der Zahn

زبان

die Zunge

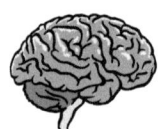

مغز

das Gehirn

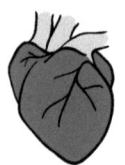

قلب

das Herz

عضله

der Muskel

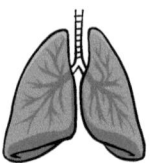

ریه

die Lunge

کبد

die Leber

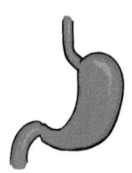

معده

der Magen

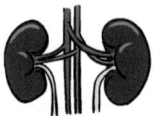

کلیه

die Nieren

آمیزش جنسی

der Geschlechtsverkehr

کاندوم

das Kondom

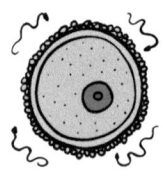

تخمک

die Eizelle

اسپرم

das Sperma

حاملگی

die Schwangerschaft

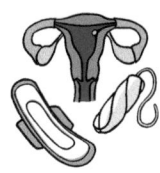

پریود
....

die Menstruation

واژن
....

die Vagina

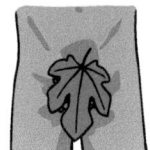

ألت تناسلی مرد
....

der Penis

ابرو
....

die Augenbraue

مو
....

das Haar

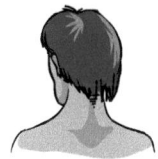

گردن
....

der Hals

بیمارستان
das Krankenhaus

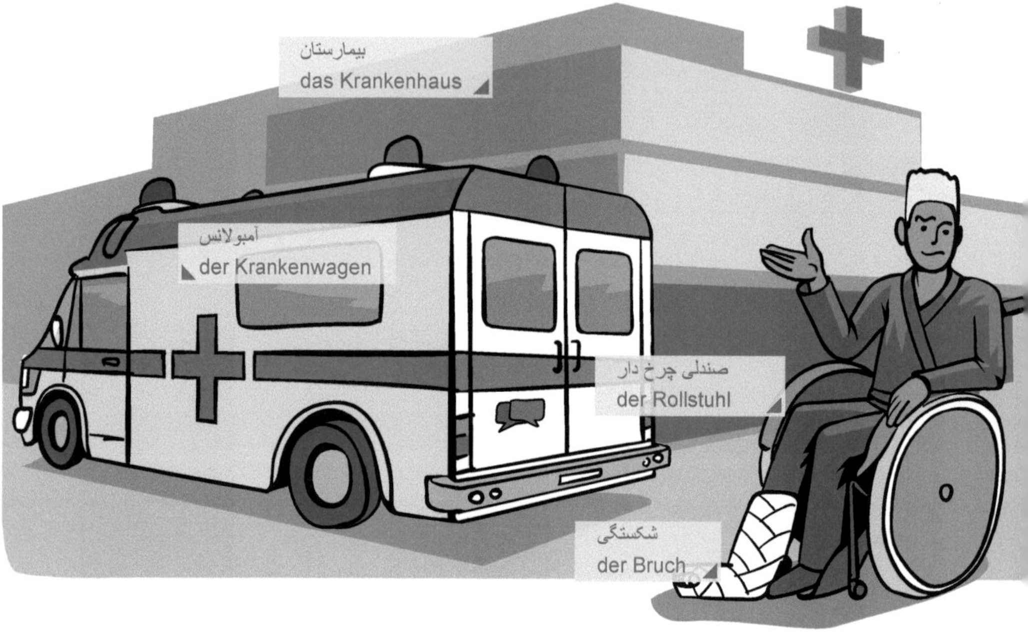

بیمارستان
das Krankenhaus
آمبولانس
der Krankenwagen
صندلی چرخ دار
der Rollstuhl
شکستگی
der Bruch

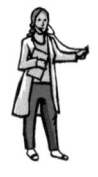

دکتر

der Arzt

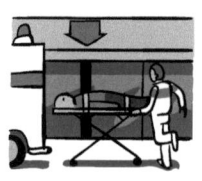

بخش اورژانس

die Notaufnahme

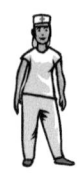

پرستار

die Krankenschwester

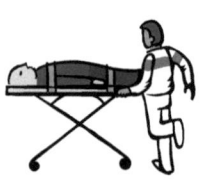

موقعیت اضطراری

der Notfall

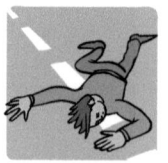

بی هوش

ohnmächtig

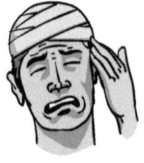

درد

der Schmerz

مصدومیت

die Verletzung

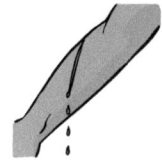

خونریزی

die Blutung

سکته قلبی

der Herzinfarkt

سکته مغزی

der Schlaganfall

آلرژی

die Allergie

سرفه

der Husten

تب

das Fieber

آنفولانزا

die Grippe

اسهال

der Durchfall

سردرد

die Kopfschmerzen

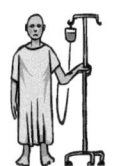

سرطان

der Krebs

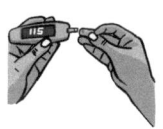

دیابت

die Diabetis

جراح

der Chirurg

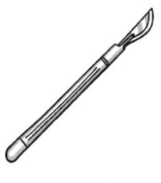

چاقوی جراحی

das Skalpell

عمل جراحی

die Operation

سی تی اسکن
....
das CT

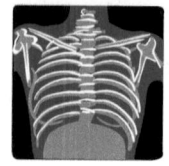

پرتونگاری
....
das Röntgen

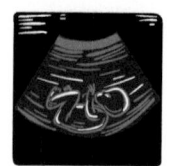

سونوگرافی
....
das Ultraschall

ماسک صورت
....
die Maske

بیماری
....
die Krankheit

اتاق انتظار
....
das Wartezimmer

چوب زیر بغل
....
die Krücke

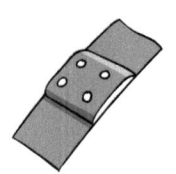

چسب زخم
....
das Pflaster

پانسمان
....
der Verband

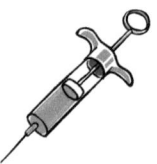

تزریق
....
die Injektion

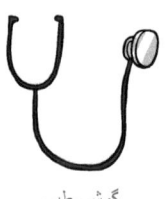

گوشی طبی
....
das Stethoskop

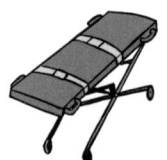

برانکار
....
die Trage

دماسنج
....
das Thermometer

زایش
....
die Geburt

اضافه وزن
....
das Übergewicht

سمعک

das Hörgerät

ماده ضد غفونی کننده

das Desinfektionsmittel

عفونت

die Infektion

ویروس

das Virus

اچ آی وی / ایدز

das HIV / AIDS

دارو

die Medizin

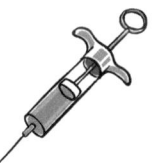

واکسیناسیون

die Impfung

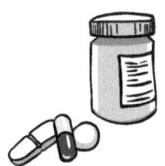

قرص

die Tabletten

قرص ضد حاملگی

die Pille

تماس اظطراری

der Notruf

دستگاه اندازه گیری فشارخون

das Blutdruck-Messgerät

مریض / سالم

krank / gesund

der Notfall

کمک!

Hilfe!

آژیر خطر

der Alarm

حمله

der Überfall

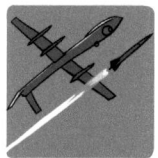

حمله ی فیزیکی

der Angriff

خطر

die Gefahr

خروج اظطراری

der Notausgang

آتش

Feuer!

کپسول آتش‌نشانی

der Feuerlöscher

تصادف

der Unfall

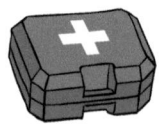

جعبه کمک های اولیه

der Erste-Hilfe-Koffer

درخواست کمک

SOS

پلیس

die Polizei

اروپا

das Europa

آمریکای شمالی

das Nordamerika

آمریکای جنوبی

das Südamerika

آفریقا

das Afrika

آسیا

das Asien

استرالیا

das Australien

اقیا نوس اطلس

der Atlantik

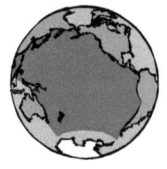

اقیانوس آرام

der Pazifik

اقیانوس هند

der Indische Ozean

اقیا نوس اطلس جنوبی

der Antarktische Ozean

اقیانوس منجمد شمالی

der Arktische Ozean

قطب شمال

der Nordpol

قطب جنوب

der Südpol

قاره قطب جنوب

die Antarktis

کره زمین

die Erde

سرزمین

das Land

دریا

das Meer

جزیره

die Insel

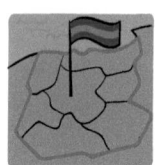

ملت

die Nation

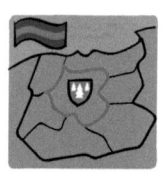

کشور

der Staat

صفحه ی ساعت

das Zifferblatt

ساعت شمار

der Stundenzeiger

دقیقه شمار

der Minutenzeiger

ثانیه شمار

der Sekundenzeiger

ساعت چند است؟

Wie spät ist es?

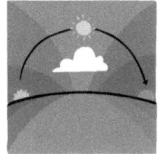

روز

der Tag

زمان

die Zeit

اکنون

jetzt

ساعت دیجیتال

die Digitaluhr

دقیقه

die Minute

ساعت

die Stunde

die Woche

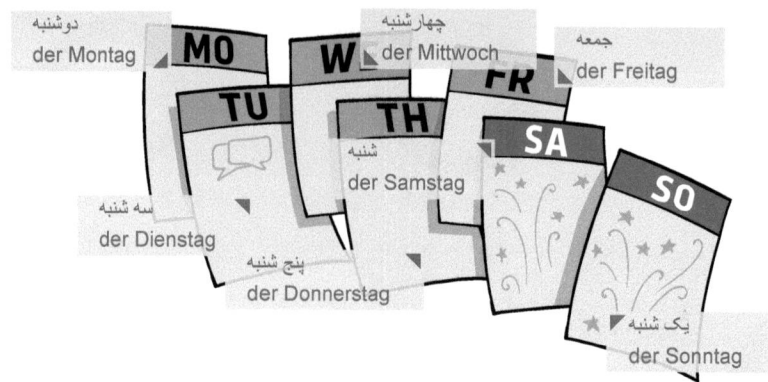

دوشنبه
der Montag

چهارشنبه
der Mittwoch

جمعه
der Freitag

سه شنبه
der Dienstag

شنبه
der Samstag

پنج شنبه
der Donnerstag

یک شنبه
der Sonntag

دیروز
gestern

امروز
heute

فردا
morgen

صبح
der Morgen

ظهر
der Mittag

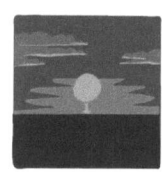

غروب
der Abend

روزهای کاری
die Arbeitstage

آخر هفته
das Wochenende

سال
das Jahr

باران
der Regen
رنگین کمان
der Regenbogen
برف
der Schnee
باد
der Wind
بهار
der Frühling
پاییز
der Herbst
تابستان
der Sommer
زمستان
der Winter

4.APRIL 11°
5.APRIL 4°
6.APRIL 13°
7.APRIL 8°
8.APRIL 10°

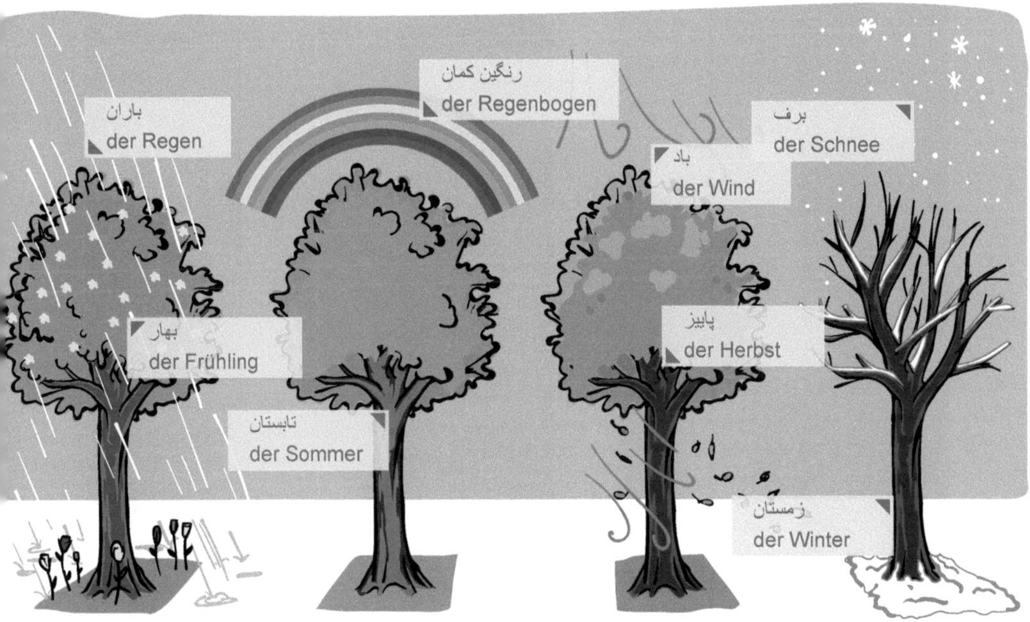

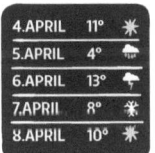

پیش‌بینی اوضاع جوی

die Wettervorhersage

F
C
120
90
60
30
0
-30
40
30
20
10
0
-10
-20

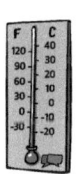

دماسنج

das Thermometer

تابش آفتاب

der Sonnenschein

ابر

die Wolke

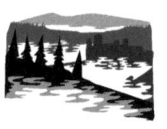

مِه

der Nebel

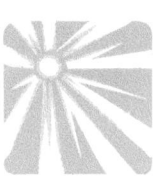

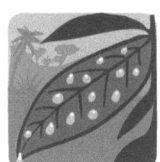

رطوبت هوا

die Luftfeuchtigkeit

صاعقه

der Blitz

آسمان غره

der Donner

طوفان

der Sturm

تگرگ

der Hagel

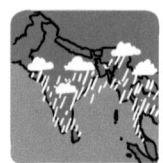

باد موسمی

der Monsun

سیل

die Flut

یخ

das Eis

ژانویه

der Januar

فوریه

der Februar

مارس

der März

آوریل

der April

مه

der Mai

ژوئن

der Juni

ژوئیه

der Juli

آگوست

der August

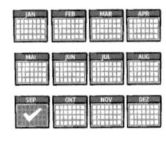

سِپتامبر
....
der September

اكتبر
....
der Oktober

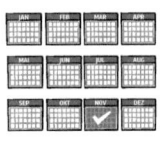

نوامبر
....
der November

دسامبر
....
der Dezember

die Formen

دايره
....
der Kreis

مربع
....
das Quadrat

مستطيل
....
das Rechteck

سه گوش
....
das Dreieck

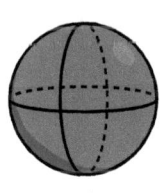

گره
....
die Kugel

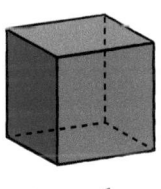

مكعب مربع
....
der Würfel

die Farben

سفید

weiß

زرد

gelb

نارنجی

orange

صورتی

pink

قرمز

rot

بنفش

lila

آبی

blau

سبز

grün

قهوه ای

braun

خاکستری

grau

سیاه

schwarz

خیلی / کم

viel / wenig

خشمگین/ آرام

wütend / friedlich

زیبا / زشت

hübsch / hässlich

شروع / پایان

der Anfang / das Ende

بزرگ / کوچک

groß / klein

روشن / تیره

hell / dunkel

برادر / خواهر

der Bruder / die Schwester

تمیز / آلوده

sauber / schmutzig

کامل / ناقص

vollständig / unvollständig

روز / شب

der Tag / die Nacht

مرده / زنده

tot / lebendig

پهن / باریک

breit / schmal

قابل خوردن / غیر قابل خوردن

genießbar / ungenießbar

غضبناک / مهربان

böse / freundlich

هیجان زده / بی حوصله

aufgeregt / gelangweilt

چاق / لاغر

dick / dünn

اولین / آخرین

zuerst / zuletzt

دوست / دشمن

der Freund / der Feind

پر / خالی

voll / leer

سفت / نرم

hart / weich

سنگین / سبک

schwer / leicht

گرسنگی / تشنگی

der Hunger / der Durst

مریض / سالم

krank / gesund

غیرقانونی / قانونی

illegal / legal

باهوش / خنگ

intelligent / dumm

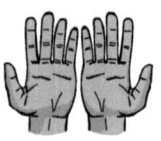

چپ / راست

links / rechts

نزدیک / دور

nah / fern

نو / استفاده شده

neu / gebraucht

هیچ چیز / چیزی

nichts / etwas

پیر / جوان

alt / jung

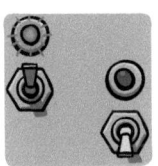

روشن / خاموش

an / aus

باز / بسته

offen / geschlossen

آهسته / بلند

leise / laut

ثروتمند / فقیر

reich / arm

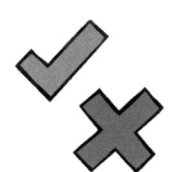

درست / غلط

richtig / falsch

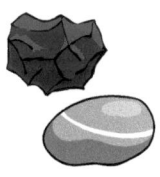

زبر / صاف

rau / glatt

غمگین / خوشحال

traurig / glücklich

کوتاه / بلند

kurz / lang

کند / تند

langsam / schnell

تر / خشک

nass / trocken

گرم / خنک

warm / kühl

جنگ / صلح

der Krieg / der Frieden

die Zahlen

0

صفر
....

null

1

یک
....

eins

2

دو
....

zwei

3

سه
....

drei

4

چهار
....

vier

5

پنج
....

fünf

6

شش
....

sechs

7

هفت
....

sieben

8

هشت
....

acht

9

نه
....

neun

10

دَه
....

zehn

11

یازده
....

elf

12

دوازده
....
zwölf

13

سیزده
....
dreizehn

14

چهارده
....
vierzehn

15

پانزده
....
fünfzehn

16

شانزده
....
sechzehn

17

هفده
....
siebzehn

18

هجده
....
achtzehn

19

نوزده
....
neunzehn

20

بیست
....
zwanzig

100

صد
....
hundert

1.000

هزار
....
tausend

1.000.000

میلیون
....
million

die Sprachen

انگلیسی
Englisch

انگلیسی آمریکایی
Amerikanisches Englisch

چینی ماندارین
Chinesisch Mandarin

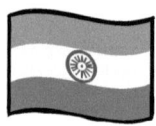

هندی
Hindi

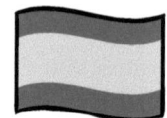

اسپانیایی
Spanisch

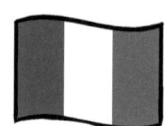

فرانسوی
Französisch

عربی
Arabisch

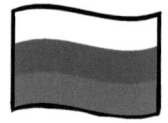

روسی
Russisch

پرتغالی
Portugiesisch

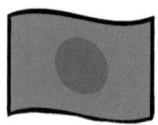

بنگالی
Bengalisch

آلمانی
Deutsch

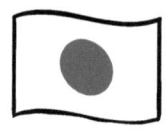

ژاپنی
Japanisch

من

ich

تو

du

او

er / sie / es

ما

wir

شما

ihr

أنها

sie

چه کسی؟ کی؟

wer?

چی؟

was?

چگونه؟

wie?

کجا؟

wo?

کی؟

wann?

نام

Name

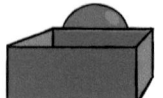

پشت

hinter

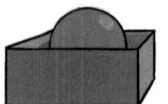

توی

in

جلو

vor

بالای

über

روی

auf

زیر

unter

مجاور

neben

بین

zwischen

مکان

der Ort